紫云 著

向上管理的终极密钥

势

·北京·

图书在版编目（CIP）数据

向上借势：向上管理的终极密钥 / 紫云著 .
北京：群言出版社，2024. 9. -- ISBN 978-7-5193
-1018-9

I.C93-49

中国国家版本馆 CIP 数据核字第 2024CS9149 号

责任编辑：周连杰
封面设计：乔景香

出版发行：群言出版社
地　　址：北京市东城区东厂胡同北巷 1 号（100006）
网　　址：www.qypublish.com（官网书城）
电子信箱：qunyancbs@126.com
联系电话：010-65267783　65263836
法律顾问：北京法政安邦律师事务所
经　　销：全国新华书店

印　　刷：三河市京兰印务有限公司
版　　次：2024 年 9 月第 1 版
印　　次：2024 年 9 月第 1 次印刷
开　　本：710mm × 1000mm　1/16
印　　张：12
字　　数：158 千字
书　　号：ISBN 978-7-5193-1018-9
定　　价：59.80 元

目录 | CONTENTS

第一章

管理的向度

第二章

员工的类型

第三章

领导的“MBTI”图鉴

第四章

常见的场景与对策

第五章

向上借势思维的培养

第六章

职场的智慧——巧妙借势

第七章

部门的向上管理秘籍

第八章

如何提升借势实力

第九章

人际关系的打理

第十章

向上的学习

第一章

管理的向度

1.1 初入职场：

懵懂被动，等待领导

在这个快速变化的新时代，职业发展就像是玩一场没有教程的游戏——你永远不知道下一个关卡会遇到什么样的“Boss”。有人说，进入职场就像是跳进了一片充满未知的大海，而你，刚好忘记了带游泳圈，而你的领导就像是站在岸上，手里拿着救生圈的人。他们可以是你的救星，也可以是观望你挣扎的旁观者。“跟领导说话就像是跟猫说话，你永远不知道它是怎么想的。”这句笑话虽然夸张，却生动地描述了许多职场新人心中的真实感受。然而，如果你能够克服内心的恐惧，学会“向上管理”，那么你与领导之间的关系就可能从“猫和老鼠”的游戏，变成一场双赢的合作。

想象一下，如果你能够自信地与领导沟通，不再害怕提出自己的想法，你的职业道路会多么宽广。正如那句古老的谚语所说：“敢于提出问题的人可能会愚蠢五分钟，但沉默不语的人将愚蠢一辈子。”在职场上，勇敢地提问和表达自己，是成长的起点，也是向上攀登的必经之路。所以，学会向上管理，学会与领导沟通，就像是学会了游泳，你不仅能在职场这片大海里畅游无阻，还可能找到藏着宝藏的秘密岛屿。

但是真正要做到如此，并没有那么简单。刚刚进入职场的新人们都面临着一个共同挑战：如何从初入职场的懵懂被动状态，转变为主动向上管理的姿态。

想象这样一个场景：新员工小张第一次接到了领导分配的任务。面对详细的任务要求，小张感觉有些拿不准，但因为担心暴露自己经验不足的问题，他不敢多问领导，结果导致任务执行出了偏差，最终交付的成果并未完全符合预期。其实，小张的领导并不严厉，但对于“提问可能会暴露自己无知”的担忧让小张选择了沉默。

在职场中，像小张这样的新员工可能会抑制自己的主动性，因为他们在意自己与领导的等级差异，担心过度主动可能会被视为挑战现有的职场秩序。对于这种现象，心理学研究提供了一种解释。斯坦福大学的心理学家菲利普·津巴多进行的“斯坦福监狱实验”展示了角色预期对人的行为的强大影响，揭示了一个重要的观点：人们往往会根据他们所认为的角色预期来调整自己的行为。如果职场新人认为自己的角色是需要被动等待指示的，那么他们就可能会忽略主动沟通的重要性。

要解决这个问题，我们应该对于“领导”的角色有所了解。在职场这个复杂的生态系统中，领导扮演着至关重要的角色。他们不仅是决策者，更是团队的导航员，负责指引方向，塑造文化，激发团队潜力。一位优秀的领导能够识别并发挥每位团队成员的独特价值，创造一个既有挑战又充满支持的工作环境。然而，对于刚刚步入职场的新人来说，领导往往是一个令人敬畏，甚至有些“神秘”的存在，他们的每一个决定和行为都可能影响新员工的心态。

领导的企业角色并非固定不变，而是随着组织文化和业务需求的变化而演变的。一些组织的领导可能更倾向于采取指令性的管理风格，明确告诉员工应该做什么；而另外一些组织的领导则可能更加重视员工的自主性和创新能力，鼓励团队成员主动提出想法和解决方案。

对于职场新人而言，克服对领导的恐惧，展开正面的沟通和互动，不仅能够帮助他们更快地适应新环境，还有助于他们的个人成长和职业发展。通过主动沟通，职场新人不仅可以减少误解和错误，还可以得到领导的信任。这种信任是非常宝贵的，因为它有助于打造更高效和更富创造性的工作环境。

结合心理学、社会学的洞见，以及具体的职场实例，我们可以看到，虽然初入职场可能会让人感到不安和被动，但通过积极的态度和策略，每位职场新人都有潜力成为有效的向上管理者，最终实现个人和职业的成长。

1.2 何为管理：

主动干预，全面制约

“向上管理”是相对于“向下管理”而言的。俗话说，“知己知彼，百战百胜”，如果想要了解“向上管理”，得先了解“向下管理”。

“向下管理”指管理者对直接下属或团队成员进行管理和指导活动，从20世纪开始在资本主义国家流行，也是目前较常见的管理模式。它的大致模型为：领导者为达成自己的目的（如确保有效完成工作任务并实现组织目标），用一系列方法让被领导者为自己服务。

20世纪，美国、日本、英国等国家的职场中有几条不成文的“向下管理”原则，如弗雷德里克·泰勒提出的科学管理理论。他强调，如果想要提高生产效率，就应该按照理性逻辑分析工作流程，并且给每一个流程都制定操作标准。这个原则至今仍非常常用，很多领导都会强调自己都是在用“科学方法”制定工作流程、分配任务和评估绩效。在领导的视角里，有了科学的合理的流程规划后，员工会高效工作。然而，这个原则在很大程度上是违背了人性。

“科学管理理论”的最大弱点是，所谓的科学流程究竟在多大程度上是合理有效的呢？要知道，在职场中工作的不是机器人，而是活生生的血肉之躯，他们有情感，有思想，不可能每次都非常准确高效地完成任务。

举个例子，一个管理层标榜自己的严格科学管理，将生产流程细分为多个标准化的操作步骤，并设定了严格的生产计划和绩效指标。然而，在实际操作中，员工并不总能按照标准流程顺利执行，常会遇到各种突发事件，比如生产设备故障导致生产线停工等。如果此时还要让员工按照既定的流程“科学”地处理问题，相当耗时费力，不如赶紧请机械维护师上门维修来得方便快捷。

人不是机器，可以灵活应对许多难以处理的事情。如果在这件事上，员工有“自作主张”的权力，不必按照既定的流程去走，很多突发情况就能更好、更快地得到解决。这种管理方法的局限，在 20 世纪时也已经被管理者所发现，于是，开始有人公开结合来自人际关系学派的方法一起使用。

如果科学管理法没有考虑到人真实的工作效率，那么，人际关系学派的方法对工作环境的态度和对员工情感状态的强调，又给领导者提出了难题：究竟对重视员工的情感需求要重视到什么程度，员工对怎样的工作环境才会感到满意呢？比如，一个领导者意识到了要给员工自由空间，员工才能更心甘情愿地在岗位上有所产出，于是鼓励员工建言献策，甚至参与决策，并且提供良好的团队氛围和人性化的管理，然而问题也随之而来。

如果想要满足员工的情感需求和环境满意度，管理者就势必要投入大量的资源和成本，提供一些“福利”，如公司内的健身房、低价食堂、低价零食柜，甚至免费的咖啡等，而这些福利不仅需要投入资金，还要耗费一部分人力物力去维护，而且不可能一次到位，因为员工也会因为时代的发展而产生各种各样的新需求。到那时候，领导者会面临更大的困境：明明出发点给予员工一些“人文关怀”，现在反而把员工“惯坏了”，该如何是好？

这还不是最关键的，更新设备虽然需要资金投入，但如果能切实提高员工满意度，并且提升企业经济效益，其实投入一些也无妨。关键问题是，如果管理者过于强调员工的情感需求，可能会导致管理者和员工之间的角色定位不清楚，员工可能会误认为管理者是他们的朋友而不是领导者，最终影响到管理者对员工的监督和引导。于是，为了保持公司的效益，维护部门的正常秩序，领导者可能还是会选择那种一板一眼、循规蹈矩的管理方式。理性和感性是人类头脑中的“两辆战车”，好的管理，一定是结合感性情绪和逻辑判断，让自己身边的各种要素形成合力，最终达成良好结果。

上面说的两种经典的管理方法，虽各有优缺点，但也有共同点——领导者在意识到身边出现问题的时候，会主动思考，并且寻求改变的策略。那何为“向下管理”？向下管理指的是领导者有效地传达目标、任务和期望，并指导下属工作，同时激励和支持他们以达成共同目标，也包括促进团队合作、提供反馈和培训，以帮助下属不断成长和发展。

在管理中结合理性和感性可以帮助领导者更好地开展向下管理。理性思维能够帮助领导者进行逻辑分析、决策和规划，确保工作目标的实现；而感性情绪则可帮助领导者与下属建立良好的关系，激发团队的情感动力，增强凝聚力。

要达到“向上管理”的目标，在了解何为“向下管理”后，还要了解何为“自我管理”，在形成全面的视角之后，再来学习“向上管理”的策略。

1.3 自我管理：

建立坐标，持续改进

现代管理学之父彼得·德鲁克曾说："管理你自己的时间，否则别人会安排你的时间。""自我管理"是个人对自己的时间、情绪、目标和行为的有效管理和控制，既针对自身，又可以服务于职场。现代社会讲求高效运作，如果每个人都等待指令而不自主行动的话，很难提升工作、学习的效率，久而久之，就有被淘汰的危险。

要进行正确的自我管理，就要破除几个固有的错误看法。其中最常见的拒绝自我管理的说法，是"这是公司赚钱，又不是我赚钱，我为什么要那么卖力地干活，随便应付应付就好了"。人们自以为已经看透了职场的本质和资本运转的逻辑，却不知道，如果普通人真的选择"躺平摆烂"，即消极对待职业生涯和放弃努力追求，实际上几乎等于放弃了改变人生的机会和自我发展的空间。

人们可以认为现在的社会对待不同阶层的人是不公平的，但绝不能找一些冠冕堂皇的话为自己的懒惰打掩护。想要进行好的向上管理，必须先学会自我管理。承认自我管理的重要性，是提升职业能力和实现个人发展目标的第一步。

第二个听起来似乎很有道理的说法是“我忙得没有时间进行自我管理”。这种想法在快节奏的现代社会中很容易被人们接受，因为很多人的工作和生活压力确实很大，每天都处于繁忙的状态中。然而，这种观念忽略了自我管理对于提高工作效率和生活质量的重要性。

如果你正处在极其容易内耗的状态，并且也有类似的抱怨，不妨翻转一下自己的思维，想想究竟你是因为太忙所以没有时间进行自我管理，还是因为没有进行良好的自我管理，所以你“忙得没时间”。

实际上，自我管理不仅可以帮助个人更好地应对繁忙的工作和生活，还可以提高工作效率和质量。通过合理规划时间，个人可以更好地分配精力和资源，避免拖延和浪费时间，不仅可以提高工作的专注度和产出效率，也可以帮助我们保持稳定的情绪和积极的心态，从而更好地处理压力和挑战。

当我们对工作和生活中的各种压力和挑战都能应付自如时，良好的工作状态和生活质量自然水到渠成。

自我管理是需要长期实践的，但正所谓“工欲善其事，必先利其器”，下面这个建立“自我管理坐标”的方法，能帮助职场人快速掌握自我管理的几个重要向度。

具体做法如下：建立一个坐标轴，坐标轴划分的每一个象限，都代表着自我管理的一个层面，右上角是时间管理，按照顺时针方向，依次是情绪管理、目标管理和行为管理。

时间管理

时间管理是自我管理中最基础且最重要的一个维度，因为接下来的所有自我管理向度都基于时间管理。它要求我们有效地规划和安排自己的时间，以确保高效率地完成任务和达成目标。

想做到良好的时间管理，在工作中，一定要先设定优先级，学会抓重点、抓关键点，不能“眉毛胡子一把抓”。我们要明确每天、每周和每月的工作重点，区分出哪些任务是紧急且重要的，哪些是可以延后的。

有条理地安排工作，可以避免因为处理不重要的任务而浪费宝贵的时间，所以，在每天开始工作前，我们可以先花几分钟制订一个工作计划。这个工作计划不需要特别详细精确，只要体现具体的任务和大致的完成时间就可以了。因为，如果把计划制订得过于精确，那么，一旦某些部分没有按照计划进行，就会影响后面“环环相扣”的其他部分，形成“无法按时完成计划”的负反馈，加重焦虑和拖延。因此，做工作计划只要让自己在工作中有明确的方向和目标即可。

另外，我们应该有意识地减少浪费时间的活动，例如频繁查看手机、过多使用社交媒体等。这是老生常谈，在此就不赘述了。

情绪管理

情绪管理是自我管理中一个重要但常被忽视的方面。情绪管理要求我们能够识别和调控自己的情绪，尤其在面对压力和挫折时，要保持积极的心态和稳定的情绪。但是情绪管理不等于强行压抑自己的情绪，每一个在职场摸爬滚打的成年人，内心都住着一个需要被安抚的小孩。所以，正确认识和理解自己的情绪，学会察觉自己在不同情境下的情绪反应，并分析这些情绪的来源，可以更好地预防和应对负面情绪。

在工作中，压力和挫折是不可避免的。一些简单的方法，如深呼吸、冥想、运动等，都可以快速有效地缓解压力；也可以试试写情绪日记，并告诉自己，保持积极心态，才能让自己有更强的抗压、抗挫能力。

目标管理

在对时间管理的介绍里，我们已经提到了“目标”这一要素，与每日计划不同，目标管理要求我们设定明确的工作目标和职业规划，并努力实现。具体做法如下：明确自己的职业生涯目标，并将其分解为具体的长期和短期目标。长期目标可能是五年内达到某个职业位置，而短期目标则是每季度或每年需要完成的任务。明确自己的职业目标后，要定期评估自己的目标实现情况，根据实际情况进行必要的调整。职业目标绝不是一成不变的，我们固然要“在其位，谋其职”，但也要开阔眼界，实现更好的自我。

行为管理

行为管理是自我管理的最后一个维度，它贯穿于工作和生活，是高效工作、平静生活的基础。在“行为管理”这个向度，我们尤其要注意培养自己的专注和自律能力，这是现代人在信息碎片化和快节奏社会当中最缺失的能力。很多时候，当心静下来了，我们会发现，自己已经在冥冥之中掌握了管理自我的能力。

利用这四个象限进行自我考察和评价，并且定期反思和总结经验教训、寻求反馈和指导，就一定能够不断提升自己的职业能力和竞争力。

1.4 向上管理：

有效沟通，形成合力

在好多平台上，我们都能看到“向上社交”这个概念，与之相近的，还有“向上沟通”“向上联络”等。这些词意味着，人们希望在社交活动中能主动接触和结识社会地位、职业成就、知识水平等方面更高的人群，这么做不仅为了扩大人脉，更为了获取资源、信息、机会和支持，以提升自身的社会和职业地位。那么，“向上管理”又是什么意思呢？

如果我们仔细分析一下这个词，就会发现，“向上”强调了目标的方向性，即朝着更高、更好的层次和地位迈进。

在社交关系中，各方的地位一般来说是比较平等的，但管理关系中，必然有管理方和被管理方。在这种情况下，被管理方难免会感觉自己处处都被管理者压着一头，难以表达自己真实的想法。但这并非无法改变，如果想要关系平衡，只需要双方都向对方迈进一步就行了。

这就意味着，管理者的“向下管理”和被管理者的“向上管理”其实是同时发生的。即上级领导下达了命令，下级员工接收到命令后，如果觉得其中有不合逻辑或不合情理的地方，就可以和直接领导进行沟通，表达自己的想法，提出自己的意见。这样的“向上管理”，是让管理关系中的双方保持平衡的现代职场智慧。

小陈和小王是同一家公司的员工，他们都在一个项目团队中工作，由领导李经理管理。项目团队最近接到了一项新任务，需要在两周内完成一份市场分析报告。李经理在项目启动会上详细讲解了任务，并给出了具体的工作安排，但是小陈和小王对任务的理解和态度却大不相同。

小陈觉得李经理的安排有些不合理，他认为数据收集的时间太短，而分析的时间却相对宽裕，这样的安排可能会影响报告的质量。

小陈本来想和小王讨论一下这件事，然后报告上去，但又想到李经理一向是个不苟言笑且做事仔细的人，可能也有他自己的考虑，于是决定不吭声，心想：“万一是我错了呢？算了，领导安排的事情，就照做吧，多一事不如少一事。”

另一边，小王也发现了这个问题。他考虑了一下，觉得有必要向李经理反映，他问了问小陈，小陈却坦言，他确实也觉得这种安排不太好，但是，报告质量差一点儿，影响的也是公司的收益，和自己的死工资没关系，干吗要去挨领导骂呢？

小王犹豫了一会儿，转念又想，“对公司负责也是对自己负责，还是要落实清楚”，于是找了一个合适的时机，敲了敲李经理办公室的门，问：“李经理，方便聊几分钟吗？”

李经理没有抬头，专注着手头的工作，严肃地问：“小王，什么事？”

小王走进办公室，诚恳地说："李经理，我有个小建议。我认为数据收集的时间安排得有点儿紧张，可能会影响后续的分析。如果分析做不好，也会影响公司的效益。所以，能不能调整一下，多花点儿时间做数据收集？"

李经理抬起头看着小王，认真地思考了一下，突然笑了起来，说："你说得确实有道理，数据质量决定了分析的深度和准确性。没想到你的专业素质这么过硬。这样吧，把数据收集时间延长两天，分析时间相应缩短，你觉得呢？"

小王感到很欣慰，微笑着说："我觉得没什么问题，我们肯定会做出一份高质量的报告的。"

两周后，团队如期完成了市场分析报告。由于调整了时间安排，数据收集得更加充分，分析也更加全面。李经理对报告非常满意，特别表扬了小王的主动反馈。另一方面，小陈也注意到报告质量的提升，他内心感到有些遗憾，如果当时自己能主动反映问题，或许得到表扬的就是自己了。

职场人往往注重领导对自己的印象，认为给领导提意见是对领导权威的调整，因此就算有意见也选择默不作声，事实上，这种做法可能导致效率低下和资源浪费。就像上面这个例子，小陈出于对领导的尊重选择默默接受不合理的任务安排，但如果大家都像他这样沉默，可能会影响团队的整体表现。相反，小王通过"向上管理"，主动与领导沟通，提出合理建议，不仅优化了工作流程，提升了工作质量，还展示了自己对工作的责任感，也帮助公司提高了效益。

可见，"向上管理"强调的是双向沟通和合作，而不是单纯的服从命令。一个公司要想在竞争激烈的市场中脱颖而出，必须适当鼓励员工积极参与决策过程，提出建设性的意见和建议；领导者也应当摒弃传统的权威观念，倾听员工的声音，以便做出更加科学合理的决策。

当然，在实际工作中，像小王和李经理这样“一拍即合”的员工与领导并不多见，接下来的第二、第三章将提供几份性格与行动画像，让大家更了解自己，也更了解领导，从而在“向上管理”的过程中应对自如。

第二章

员工的类型

2.1 自信型：

自信沟通，主动建议

自信型的人在各类人群中都很醒目，他们拥有坚定的信念和明确的自我认知，对自己的能力和判断充满信心，如同树木扎根于大地，风雨不动。他们清楚地了解自己的优点和缺点，能够客观地评估自己的能力和潜力。这种人积极主动，不畏惧困难，愿意承担责任，并积极寻求机会，宛如无畏的探险者，总是走在开辟新天地的最前线。

苹果公司的创始人史蒂夫·乔布斯就是典型的自信型人物。乔布斯早期因经营理念独特，被苹果公司董事会以抢占市场失利的名义撤销了经营大权。多次夺权无果后，乔布斯主动离开了苹果公司。重返苹果公司后，乔布斯发布了第一代 iPhone。面对外界的质疑和技术难题，他坚定地相信自己的愿景和判断，依然果断推动项目进行，最终以颠覆性的创新重新定义了通讯行业。乔布斯的自信和决断力使他能够在面临巨大挑战时保持冷静，迅速做出果断决策，带领苹果公司走向辉煌。

自信型的人擅长表达自己的观点和想法，具备良好的沟通能力，能够清晰地传达信息，并有效地与他人互动，像是一位出色的指挥家，能够协调各方力量，演奏出和谐的乐章。他们对自己的目标有明确的追求，具备强烈的内在驱动力，不依赖外界的激励，这使他们在工作和生活中能够自我激励，不断追求进步。

另一位典型的自信型代表人物——特斯拉和 SpaceX（太空探索技术公司）的创始人埃隆·马斯克，虽然他在创业过程中经历了多次失败和危机，但他的坚定信念和果断决策让他在新能源和太空探索领域都取得了巨大成功。

勇于尝试和冒险是自信型人的另一大特点。他们不害怕失败，愿意尝试新事物和冒险，以寻求成长和进步，如同勇敢的航海家，总是在探索未知的海域。同时，自信型的人往往具有较强的感染力和影响力，能够通过自己的言行激励和鼓舞他人，成为团队中的核心力量。

自信型员工是善于提出创新建议的一群人，他们敢于打破常规，提出新颖的想法。例如，在产品开发会议上，他们可能会大胆地建议开发新的功能或设计新方案，尽管可能面临技术挑战，但他们相信这些创新能为产品带来市场优势。

在工作中，他们如果不赞同领导的决定，也能十分有底气地通过正式会议或一对一沟通，坦诚地向领导表达自己的看法，帮助领导更全面地看待问题，从而做出更明智的决策；在需要争取公司资源和支持时，自信型员工也能够自信地向领导阐述项目的重要性和预期收益，争取到必要的资源；在申请预算或人力资源时，他们会准备充分的数据和论据，有理有据地陈述自己的需求，确保领导理解项目的价值和潜在回报，从而获得支持；与项目方谈条件时，自信型员工也能据理力争，以雄辩和热情服人，维护并争取最大利益。

不过，自信型人尽管具备许多其他传统型员工很难具备的优点，但犯错误的概率也比别人要高很多。自信对于职场人来说，如同一把双刃剑。

自信型人可能过于自信，以至于低估任务的复杂性或高估自己的能力。他们容易在没有充分准备的情况下贸然行动，导致不必要的失误或失败。例如，在推进一个新项目时，他们可能会过于相信自己的经验和控场能力，忽视了潜在的风险，或没有进行充分的市场调研，导致项目推行后遇到意料之外的困难。

自信型人习惯于果断决策，甚至有独断专行的倾向，可能忽略团队成员的意见和建议，导致团队内部缺乏必要的沟通和协作。这可能挫伤团队士气，降低整体效能。另外，自信型人在沟通中有时过于强势，给人以咄咄逼人的感觉，容易引发冲突。例如，他们可能在会议上坚决反对他人的观点，不考虑对方的感受或理由，导致团队关系紧张。

自信型人可能过于追求速度和效率，特别在快速推进工作时，他们可能忽略关键的细节或程序，导致失误。例如，在项目操作过程中，他们可能急于完成任务而忽视了必要的质量检查，最终导致项目结果不达标。

通常，自信型人十分相信自己的能力和经验，因此在失败后可能难以接受批评或进行反思。他们习惯于成功和认可，遇到挫折时，可能会过于自我防御，拒绝接受建设性的批评，从而影响个人成长和进步。

以上这些缺点在职场中是比较难以接受的，如果自信型员工没有做出重要业绩，又不知反思自己的错误，很容易被领导怀疑虚张声势，徒有其表。这类型人要不断提醒自己保持谦虚，不要太过展露自己的锋芒，要记得，“向上管理”的前提是领导正在对你进行“向下管理”，永远保持领导与被领导这杆秤的平衡，才能在职场中立于不败之地。

2.2 适应型：

灵活应变，顺势而为

如果要问什么东西是最能适应环境的，那一定是水。水润泽万物却并无定形，遇山则绕，遇谷则填，遇寒则凝，遇热则化。适应型的人正如水一般，他们如果不摆烂，不懈怠，尝试在职场中展现出高度的灵活性和适应能力，不断调整自己的策略和方法，就能够比别人更好地顺应环境的变化，最终获得成功。

中国人常常讲“万事以和为贵”，这句话在各行各业都适用。适应型的人明白这样一个道理：企业一定是以整体利益为重的，员工可以有自己的个性，但这个性绝对不能侵犯、损害企业的利益。因此，这种类型的员工会在关键问题上放弃自己的个性，选择隐忍或以更加和谐的方式将个人利益与企业利益挂钩。虽然这听起来有点儿像“变色龙”，但“变通”和“适应”不仅可以让他们在人际关系中左右逢源，更能让他们在实际工作中大获裨益。

上文已经说过，自信型员工往往给人“意气风发”的感觉，他们在决策时表现得果断和坚定，但也容易因过度自信而忽视潜在的风险和团队的意见。他们通常依靠自己对形势的判断和过去成功的经验快速做出决策，并坚信这些决策会带来成功，然而，如果一个人始终坚信自己是对的，那么他在做决策时，做后备方案的可能性就比较小，而市场和时局又在不断变化，面对突发状况他们往往容易被打个措手不及，导致损失惨重。

相比之下，在决策过程中，适应型员工展现出了灵活性和变通性，他们不会拘泥于固定的思维模式或方法，而是根据实际情况做出调整和优化。就像上文例子中的小王，就是一个适应型员工的典型。

面对突发的变化或挑战，这样的员工能够恰当地考虑项目流程对于整体效益的影响，并且合理地调整项目计划和资源配置，以确保项目顺利进行。这种灵活应变的能力，使得适应型员工能够在复杂多变的职场中游刃有余，从而取得优异的成绩。

在人群中，适应型的人通常充当协调者或桥梁的角色。他们能够与各方利益相关者沟通和协调，化解矛盾，促进团队的合作和发展。所以，适应型员工是团队中的“变通者”，能够适时调整自己的策略和方法，以应对不同的情况和需求。

现在的公司往往是分部门、分层级管理，部门里的人相处久了，慢慢就会形成小圈子，如果相安无事倒也还好，就怕到了需要多方利益协调的时候，各个小圈子都只考虑自己这拨人的利益。这种事情常常让领导也很头疼，管得太紧，影响的人多；管得太松，容易引起内部问题。这时候，就轮到能在复杂的利益关系中找到平衡点的适应型员工出马了。

在公司新产品上市的前期，各部门需要紧密合作，尤其是市场部、研发部和财务部。然而，由于各部门有各自的原则和利益，往往很难协调。市场部希望尽快推出产品，以抢占市场先机；研发部强调产品必须达到一定的技术标准，确保质量；而财务部则担心超出预算，要求严格控制成本。这种情况让公司领导非常头疼，小张作为项目的领头人，请市场部李经理、研发部张主管和财务部王经理一同来开项目协调会议。

“小张，你有什么提议吗？”李经理率先发问，语气中带着一丝期待和焦虑。

“是的，李经理。我了解大家各自的需求和担忧，因此希望我们可以在这次会议中找到一个平衡点，让新产品顺利上市。”小张微笑着说，目光坚定而自信。

“我们市场部认为产品越早上市越好，竞争对手已经快要推出类似产品了。”李经理焦急地说，眉头紧皱，显然压力不小。

张主管反驳道：“可我们的产品还需要一些技术改进，否则质量不过关，上市后问题更大。”

“而且我们得控制预算，不能因为赶进度而超支。”王经理补充道，声音中带着谨慎和坚定。

小张点了点头，保持冷静，深吸了一口气：“我理解大家的立场。我想，我们得先看看能不能从时间和成本上做一些调整。我建议分阶段推出产品，先推出一个基础版本。在这个过程中，研发部可以专注于提升质量，市场部则负责收集市场反馈，这样才能让产品更贴合市场需求。”

李经理的表情稍微放松了一些，但仍有些疑虑：“这样的话，研发部的压力也不会太大，我们可以先完成基础版本，再逐步完善。”张主管也点头表示同意。

“分阶段推出可以缓解预算压力，我们可以把支出分散到多个阶段，财务上也更容易管理。”王经理补充道。

李经理考虑了一下，问道：“那市场反馈的部分怎么处理？”

小张回答：“市场部可以负责收集用户反馈，并定期与研发部和财务部沟通，共同分析数据和改进方案。这不仅能让产品更符合市场需求，还能让各部门保持良好的沟通。”

于是，小张成功地协调了各方利益，让项目得以顺利进行。

适应型员工良好的适应性让他们能够在复杂的利益关系中找到平衡点，并有效地与各方进行沟通和协调。不过，适应型的员工一定要注意，善于顺势而为，就可能会在追求灵活性和变通性的过程中失去一些稳定性和坚持性，需要注意保持自己的原则和底线，避免过度妥协和随波逐流。

2.3 观望型：

静观其变，求稳避险

在职场里，观望型员工可以说是最普遍的存在了，他们没有自信型员工那样敢于抛头露面，也不像适应型员工那样可以快速地适应环境，他们在部门里存在感不高，却也展现出稳重、谨慎和耐心等性格特点。

观望型员工通常不急于行动，而是倾向于在充分观察和评估各种情况后，再做出决定。这种类型的员工，如果没有野心，可能只会安安稳稳做好自己分内的事，但如果他们有明确的目标，那便会如同猎手一般沉稳，耐心等待最佳时机。他们平时不轻易暴露自己的意图，以避免不必要的风险。特别是面对高风险和不确定性时，他们的稳健和谨慎能够为职业的稳定提供重要的保障。

观望型员工在职场中展现出一种稳重、谨慎和耐心的性格特点。他们不会轻易跟随潮流或做出冲动的决定，而是会花时间观察和思考。这种谨慎的态度使他们能够在面对复杂情况时保持头脑清醒，不被外界的影响左右。他们大多拥有极强的耐心，不会急于求成，而是愿意花时间仔细分析和等待机会。这种耐心的品质使他们能够更好地应对挑战，不轻易放弃，持续追求目标。

求稳避险是观望型员工的一贯作风。他们倾向于选择那些稳定和风险较低的方案，不轻易冒险。这种谨慎的态度使他们能够在职场中保持稳定和安全，不会轻易因外界的影响而改变自己的决策。观望型员工通过这种谨慎、耐心和求稳的特点，让他们能够在职场中保持稳健的步伐，稳扎稳打地向着自己的目标前进。

小宁在公司工作了五年，但一直没有主动争取晋升机会。最近公司要进行部门调整，有一个主管的职位空缺，小宁想要申请。但是在申请职位之前，他做了一番调查，得知这个岗位的直属上司刘经理是个通情达理的人，而且主管位置空缺，他忙不过来，实在需要一个得力助手，因此在这个岗位上肯定能得到很多锻炼的机会。小宁觉得这是一个不错的机会，于是决定和刘经理谈谈。

谈话之前，小宁一直留意着办公室的动静。他发现，小杨也在积极争取这个职位。小杨是一个自信型员工，敢于表现，已经多次在公开场合表达了自己的晋升意愿。相比之下，小宁显得更加沉稳和内敛。

为了这次谈话，小宁做了充分的准备。他整理了自己五年来的工作成绩和贡献，特别是在几个重要项目中的出色表现。同时，他也仔细思考了如何在谈话中清晰地表达自己的优势和晋升意图。谈话当天，小宁心中有些忐忑，他深吸一口气，神情自若地走进刘经理的办公室，面带微笑地开口："刘经理，您好。我想和您聊聊最近的部门调整和我的职业发展。"

刘经理微笑着点头："小宁，坐。你有什么想法？"

小宁语气平和地说："我在公司工作了五年，参与了多个重要项目，也积累了不少经验。我了解到部门可能会有新的主管职位空缺，我想试试看。"

刘经理饶有兴趣地看着小宁，问道："有好几个人都申请了这个职位，你觉得自己有哪些优势？"

小宁微微一笑，拿出一份准备好的文件递给刘经理："这是我过去几年的工作总结和一些项目成果。我认为我在项目管理和团队合作方面有一定的经验，特别是在处理复杂问题时，我能够冷静分析并找到合适的解决方案。"

刘经理翻看着文件，点了点头："确实，你的表现一直很稳定。但你知道，晋升不仅仅是工作表现，还需要更多的领导能力。你觉得自己在这方面怎么样？"

小宁沉稳地回答："我明白这一点。在过去的项目中，我已经开始尝试带领团队，并取得了一些成果。我也在不断学习和提高自己的管理能力，参加了公司组织的几次培训。我相信，如果能有更多的实践机会，我会做得更好。"

就在这时，小杨突然闯进办公室，语气急切地对刘经理说："刘经理，我刚听说部门调整的事情，我认为我真的很适合这个职位。"

刘经理皱了皱眉头，示意小杨冷静下来："小杨，现在是小宁和我谈话的时间，请你稍等。"

小杨尴尬地退了出去，小宁却保持着冷静和微笑，继续说道："刘经理，我希望通过这次机会，能够为公司做出更大的贡献。我也相信，通过我的努力，能够带领团队稳扎稳打，更好地完成各项任务。"

刘经理满意地点点头，微笑道："很好，小宁。你的准备很充分，态度也很积极。我会认真考虑你的申请，近期会有结果。"

几天后，刘经理宣布了晋升决定，小宁成功升任主管。

案例中的小宁虽然在职业的稳定和安全方面有明显的优势，但也可能被误解为缺乏主动性和进取心，小杨虽然举动冒失，但显得更为自信和积极主动。当天如果小杨先人一步，可能小宁就得不到升职的机会，只能默默地回去继续做自己的任务了。这说明观望型员工过于注重风险规避，可能导致他们在面对竞争和创新时显得保守、迟疑。他们倾向于选择稳定和低风险的方案，就很可能会丧失一些高回报的机会，从而限制了自身的发展。

不过，学会"向上管理"对于观望型员工来说，收益是最高的。观望型员工需要认识到，在职场中仅仅依靠稳重和谨慎是不够的，适时地展现主动性和创新能力同样重要。学会向上管理，可以帮助他们在关键时刻抓住机会，避免因过于保守而错失良机。

2.4 回避型：

避免冲突，少言寡语

回避型员工谨慎、低调，他们通常避免与他人发生正面冲突，倾向于保持工作环境的和谐。这种员工一般性格内向，少言寡语，习惯于在团队中扮演辅助和支持的角色，而不是领导者；他们虽然具有很强的观察力和敏感性，能够迅速捕捉到周围环境的变化和他人的情绪波动，不过通常选择默默关注，而不是积极参与。

此外，回避型员工在面对复杂或紧张的局面时，倾向于退一步，避免直接对抗。这种性格使他们在职场中显得稳重和可靠，但同时也容易被误解为缺乏主动性和决断力。回避型员工通常不喜欢在公开场合发言，更多时候他们会选择在幕后默默付出，尽量避免引起注意。

尽管回避型员工天性内向，但既然身处在职场中，一些与领导与同事相处的方式还是得做到心里有数，比如提升自己的沟通技巧，在与领导交流时，认真倾听领导的意见和建议，展示出对领导的尊重和重视等；在表达自己时，尽量简洁明了地表达自己的观点和意见，避免冗长和模糊的表达等。

人际关系可能是这类型员工的短板。个性使然，他们不喜欢参与职场琐事，只想做好自己的工作。但这也让他们在工作上，特别是技术领域具有优势——他们往往能把人际交往的精力用在处理工作上，确保每一项任务都能高质量地完成。例如，一个需要长时间专注和精确的数据分析项目中，回避型员工可以充分发挥自己细致和耐心的优点，确保数据的准确性，从而赢得领导的认可和信任。

并且，这样的性格让回避型的员工的忠诚度显得很高，因为他们通常不会过多地参与办公室政治或是人际竞争，而会专注于自己的工作。他们不容易被外部诱惑所动摇，对于领导安排的工作也会尽心尽责，始终如一地为团队和组织付出努力，这种忠诚和专注的态度往往会让领导感受到安心。所以，回避型员工与其费尽心思思考如何表现自己，不如忠于工作，做好分内的事，用实力说话。

在一家大型科技公司里，小明和小刘是技术团队的成员，小明是一个安静、低调的员工，他对工作充满热情，但更喜欢在背后默默努力；而小刘则是一个外向、活泼的人，总是充满自信地展示自己。回避型的员工小明应该怎样不显山露水地把自己的能力展现出来呢？

某次，公司启动了一个重要的新项目，小明和小刘被分配到同一个小组，负责项目的不同模块。小明默默开始了自己的工作，专注于任务的细节，一丝不苟地完成每一个步骤；而小刘则忙着与其他同事寒暄，到处询问工作的进度。

几周后的团队会议上，领导突然问了一个技术细节问题。小刘自告奋勇，拿着已经准备好的 ppt 和稿子开始介绍自己的工作成果。按照过去的做法，领导问这个问题也只是走个过场，只要知道项目还在推进就行，然而，这次领导并没有停下来，而是继续问了一个更深入的问题："那你能详细解释一下实现方式吗？"小刘的表情开始有些尴尬，他支支吾吾地解释着，但很明显，他并不了解其中的细节。

领导见小刘语焉不详，便随口问小明："你们是一个团队的吧？你来说。"小明点点头，简洁明了地向领导解释了这个技术细节，并且展示了自己的工作成果。领导听完后，对小明的解释表示满意，并表示对他的为人和工作能力有了更深的认识。小刘则默默地站在一旁，脸色有些发白。他的心情很复杂，他意识到自己在技术上的欠缺暴露了出来，而小明的沉稳和专注也让他感到佩服。

在这个案例中，小明只是默默地做好了自己的本职工作而已。很多人觉得"向上管理"就要像领导管理下属一样，费尽周折，处处考虑，还要考虑怎么给自己打造一个人设。但其实，最简单的"管理"就是——让领导看见你的可靠和忠诚。

当然，回避型员工也容易回避冲突和缺乏主动性。这种性格可能导致他们的意见和建议得不到充分表达，也导致他们在面对需要快速决策和主动出击的场景时，可能表现得不够果断和积极。不过，回避型员工要记住自己承担的是一个"工蜂"的职责，是团队中一个万万不可缺少的基底，只要踏踏实实做好本职工作，静静等待机会降临再好好把握就行。

第三章

领导的“MBTI”图鉴

3.1 内向思维型：

逻辑分析，深思熟虑

职场人一旦有了“升职加薪”的念头，往往就会开始思考两件事：第一件，是怎样提高自己的关键业绩指标（KPI）；第二件，是应该怎样猜透领导的心。根据迈尔斯－布里格斯类型指标（MBTI 理论），每一个人格类型都有它的八个向度，本章将介绍其中常见的四种，并给出与这四种类型领导相处的方法。

内向思维型（IS 型）领导通常注重细节和事实，倾向于实用主义，喜欢在稳定和有序的环境中工作。他们谨慎而稳重，往往基于已有的经验和数据做出决定。这类领导更喜欢独立工作，在自己擅长的领域会表现出强大的自信，但可能不太喜欢频繁的社交互动。他们注重过程和具体操作，偏好保守和传统的做事方式。

与内向思维型领导相处时，员工会发现他们对于阿谀奉承的话并不受用，因为他们期望的是员工能够准确无误地完成任务。此外，他们倾向于按计划和流程行事，喜欢提前制订详细的工作计划，对于突发事件或变化可能反应较慢。这类领导在沟通时可能显得比较拘谨和不善言辞，但他们在专业领域内的见解往往深刻而有洞见。

因此，与这种领导合得来的员工通常具备细致严谨、踏实稳重、善于沟通、具备耐心和持久力的特点。此外，因为他们比较介意计划之外的突发事件，所以在这类领导手底下工作员工应尽量确保工作中的每一个环节都经过仔细检查，避免出现纰漏，也不要轻易打乱工作的节奏。

尽管内向思维型领导可能不善言辞，但他们重视清晰、简洁和有效的沟通。因此能够准确表达自己的意见，注重工作进展，能适时向领导汇报的员工更适合与这类领导相处。这样的员工不仅能展示自己对工作的认真态度，还能让领导及时了解项目的进展和潜在问题。

同时，由于内向思维型领导喜欢基于数据和事实做决策，因此员工如果能提供详细的数据分析和事实依据，会更容易得到他们的认可。内向思维型领导需要时间来思考和分析，因此决策过程通常比较长，具备耐心和持久精神的员工能够更好地适应这种节奏，他们不会因为等待而感到焦虑，而是能够配合领导的步伐，确保工作稳步推进。

自然，也有一些员工会感到和这类领导“气场不合”。比如那些性格外向且喜欢频繁社交的员工可能会觉得与这类领导沟通困难，因为内向思维型领导通常不喜欢频繁沟通，更偏向于独立工作和深思熟虑。其次，工作风格随意，缺乏细致和精准的员工可能会遇到工作细节方面的挑战。

此外，喜欢冒险和创新、频繁挑战现状的员工可能会发现与该类型领导的合作不太顺畅，因为他们偏好保守和传统的做事方式，倾向于按计划和流程行事，对突发事件和变革的接受度较低，这会让喜欢变革和创新的员工感到受到限制。

最后，那些缺乏耐心、希望快速看到结果的员工也可能会感到沮丧，因为内向思维型领导的决策过程较慢，需要充分的时间进行思考和分析，而这些员工可能会因等待而焦虑，难以适应这种稳重的工作环境。

即使员工能够适应这种类型领导的处事方式，也可能会遇到一些棘手的事情。例如，由于内向型的性格，这类领导可能不喜欢频繁的交流，导致员工难以了解领导的真实想法。此外，这种领导过度关注细节，面对变化的反应较慢，可能会对每一个细节进行严格审查，导致员工感觉压力大或无法发挥创意。要与这种领导相处，员工需要采取一些具体的策略。

小李是一个勤勉的员工。有一次，团队接到了一个紧急项目，小李快速收集了一些数据，并结合自己的市场经验提出了几项创新建议。然而，当他将初步拟定的报告交给主管时，发现他眉头紧锁，仔细翻阅每一页报告，显然对数据的来源和准确性有些疑虑。

“小李，这些数据的来源是什么？”王主管问道。

“这是我从几个市场调研报告中提取的，还有一些是我自己分析得出的结论。”小李解释道。

主管沉默了片刻，然后说：“我需要看到具体的数据来源和分析过程，不能只看结论。你再详细补充一下。”

小李感到压力巨大，但他明白这是主管工作方式，并不是针对自己。为了满足主管的要求，小李花了几个晚上加班，详细列举了数据来源。然而，报告提交上去，主管也并没有对小李的付出报以肯定，因为他从心底里觉得，员工就是应该严谨细致，这只是本职工作而已。

可见，和这种领导相处，员工是一定会感觉到疲累的。但只要员工在工作上用心了、认真了，这种类型的领导并不会在其他方面为难员工。所以，如果你是一个想既远离人际纷争，又与领导相互成就的职场人，那么内向思维型领导绝对是你最好的选择。

3.2 内向情感型：

价值导向，和谐团队

在职场中，内向情感型（IF 型）领导以其特有的情感敏锐度和人际关系管理能力，使得很多员工都愿意追随他们。他们重视人与人之间的情感联系，并倾向于在决策过程中考虑团队成员的情感和价值观。这类领导希望在工作环境中建立一种和谐、合作的氛围，注重员工的福祉和团队的凝聚力。

内向情感型领导通常有几个显著的性格特征：首先，他们具有高度的同理心，能够敏锐地感知和理解员工的情感和需求，关心员工的心理状态和工作满意度，这种领导风格有助于建立一个彼此信任的、和谐的工作环境。其次，他们价值导向明显，重视个人和团队的价值观，希望每一个决策和行动都能反映出这些价值观，不仅关注工作结果，更关心工作过程是否符合伦理和道德标准。最后，该类型领导致力于在团队中营造一种和谐的氛围，避免冲突和不必要的紧张，他们坚信良好的人际关系可以提高团队的合作效率和整体表现。

在决策过程中，内向情感型领导会花大量时间进行思考和权衡，他们不仅考虑事实和数据，还会权衡决策对员工情感和团队动态的潜在影响。与这种领导相处，需要注意情感联系，展示同理心和关心，建立一种彼此信任和理解的关系；平时要多关注领导的情感变化，适时提供支持和理解，拉近彼此之间的距离；无论是工作，还是日常，都要展示对公司和团队价值观的认同和尊重，因为这种类型的领导考虑的不仅是整体的利益，还是整个公司是否有和谐的氛围。

并且，内向情感型领导可能不喜欢频繁的社交互动，但他们非常重视深层次的、有意义的交流。职员应尽量以真诚和透明的方式与领导沟通，分享自己的想法和感受，特别是在涉及团队动态和工作满意度的问题时，更应如此。

作为员工，如果能遇到一个内向情感型的领导，是幸运的，因为这种领导体贴员工的情绪和情感，非常通情达理。但是，这种领导对工作出色的要求也绝对不会低于其他类型的领导，也许员工可以在生病时得到领导的关怀和问候，并且有比较大的试错空间，但是，如果在工作上犯错，他们也不会因为关心和体贴而违背原则。要与这种领导相处，员工需要采取一些具体的策略。

1．具有高度同理心

内向情感型领导非常重视情感和人际关系，具有高度同理心的员工能够敏锐地感知到领导和同事的情感变化，并适时提供支持和理解。“善于倾听”是一个非常重要的品质，如果员工善于倾听他人的意见和感受，能在听完别人说的话之后再做决定，那么内向情感型领导会对其青眼有加。

2. 认同团队价值观

前面说到，内向情感型领导重视价值观和伦理道德，他们希望团队成员能够共享相同的价值观，并在工作中体现出来。该类型领导很希望自己所在的公司能够有一个统一和谐的“公司文化”，如果员工提出的意见恰到好处地体现了公司的价值观，就更容易获得他们的支持和认可。

3. 注重合作和团队精神

内向情感型领导渴望和谐的环境，因此那些擅长团队合作、乐于与同事分享知识和资源的员工，会额外得到重视。如果他们能够主动配合团队的工作节奏，避免不必要的冲突，通过积极的互动和协作提高团队的整体效率，起到一个“桥梁”般的作用，那么，这种员工不仅能得到内向情感型领导的赏识，还能成为团队中的核心成员。

4. 具备耐心和持久力

和内向思维型领导类似，内向情感型领导在做决策时也会比较谨慎，需要较多时间进行深思熟虑，而且可能因为考虑到一些人事、人情上的问题而更改自己的决定，这有时会给人“朝令夕改”的错觉。能够理解并提供支持的员工能够适应这种较慢的决策过程，并帮助领导收集信息和分析数据，展示出对领导工作的理解和配合，这不仅有助于决策的顺利进行，还能增强领导对员工的信任。

3.3 外向感知型：

注重实际，重视结果

如果要问起，哪种类型的领导最多，那么，外向感知型（ES型）绝对当仁不让。他们特别循规蹈矩，甚至到了"形式主义"的地步，而且很重视公司利益，员工如果做得不好，就丝毫不讲情面地按规定进行惩罚。很多人"吐槽"这种领导不够通情达理，不把员工当人看，但是，这类领导往往能在竞争激烈的市场上获得先机与利润。

外向感知型领导注重实际，以结果为导向，他们充满活力，就像一辆高速行驶的赛车，始终追求快速而直接的结果，重视眼前的利益和具体的成就，并且喜欢与人互动，擅长通过与团队成员的交流和合作来推动项目的进展，但这样做也会带来一些负面影响，比如很多令人诟病的"每周团建""狼性文化"大都出自该类型领导。

外向感知型领导对新事物和新挑战持开放态度，愿意尝试各种实际的方法来解决问题，但在同理心方面确实有些薄弱，有些不近人情。他们是典型的企业家，纵使让员工产生怨言，但他们的能力不容小觑，能带领团队攀上高峰。如果以一个客观的角度来看他们，这个类型的领导具有的优点还真是他人难以取代的：

首先，他们充满行动力。外向感知型领导不喜欢拖延，喜欢迅速看到结果，就像在战场上指挥战斗的将军，他们需要快速决策和果断行动，以确保取得胜利。对于他们来说，行动胜于一切，实践是检验真理的唯一标准。

其次，他们善于与人互动。外向感知型领导喜欢通过面对面的交流和直接的沟通来解决问题，他们就像是社交的磁石，能够吸引周围的人参与讨论和合作。他们也擅长激发团队的热情，通过积极的互动来推动项目进展。

再次，他们高度重视效率。外向感知型领导在工作中追求高效，就像是一位精益求精的工程师，总是寻找最短的路径来完成任务。他们期望看到快速且可衡量的成果，注重时间管理和资源的有效利用。对于他们来说，时间就是金钱，效率是成功的关键。

最后，外向感知型领导勇于尝试新方法。他们对创新和变革持开放态度，就像探险家不断探索未知的领域。他们愿意冒险，敢于挑战传统的思维模式，尝试新的解决方案，以期找到更好的方法来实现目标。

因此，这种领导在许多地方都能够抢占先机，拔得头筹，比如在销售和市场营销领域，他们能够迅速适应市场变化，采取灵活的策略来应对竞争；在产品开发和项目管理领域，他们能够高效地协调团队，确保项目按时完成；在客户服务和公共关系领域，他们的沟通技巧和结果导向能帮助他们快速解决客户问题，提升客户满意度。

不过，人无完人，外向感知型领导虽然在工作能力和带领团队上都相当给力，但他们也有一些不能忽视的缺点。

在一家大型公司里，王经理是一位典型的外向感知型领导。他对工作要求严格，注重效率和结果，总是希望团队能够在最短的时间内完成任务，取得最佳的商业成果。在他的团队里有两位员工——小张和小李，他们的表现和适应性截然不同。

小张是一位适应性很强的员工。他工作效率高，能够迅速响应王经理的指示，并且喜欢挑战和快速变化的工作环境。每天早上，小张都会提前到公司，准备好当天的工作计划，并且在工作中不断与王经理沟通，确保自己的工作进展与领导的要求一致。王经理布置的任务，小张总是能够迅速完成，并且成果显著。他的高效和执行力得到了王经理的高度认可和信任。

一天早上，王经理召集团队开会，布置一个紧急项目。

“各位，这个项目的时间非常紧迫，要求三天内完成市场分析报告。小张，你负责数据收集和初步分析。”王经理语气坚定地说道。

“好的，王经理，我马上着手准备。”小张立刻回应，眼神中充满了干劲。

相反，小李则显得有些不适应。小李喜欢按照自己的节奏工作，注重工作过程而非结果。王经理的高压和严格要求常让他感到压力巨大，因为他知道如果不能按时完成任务，或者成果不符合预期，他将面临严厉的批评。

“小李，我们需要你负责报告的撰写和最终的呈现。”王经理看向小李。

小李略显犹豫，但还是答应了：“好的，王经理。”

几天后，小李申请了一天假期，因为他已经很久没有休息，感觉身心疲惫。然而，王经理以“工作任务紧迫”为由拒绝了他的申请，这让小李感到非常失望和挫败。

“王经理，我真的需要休息一天，感觉很累。”小李尝试再争取一次。

“不行，小李，现在项目紧急，你得坚持一下。”王经理毫不松口。而小李也只能默默地回到自己的工位上……

很多员工和案例中的小李一样，只是不适应这种领导的风格，他们在一个更加注重过程、宽容度较高的团队中，可能会找到自己的价值和定位，但这也教给我们一个道理：了解领导的性格特征和工作方式，是员工在职场中取得成功的重要一步。

3.4 外向直觉型：

创新远见，寻求可能

现在，我们来了解一类常见的领导——外向直觉型（EN 型）领导。

外向直觉型领导总是能够在平凡中发现不平凡的机会，激发出无限的可能性。这类领导通常善于思考新点子和新方法，不满足于现状，时刻准备进行突破和变革。他们拥有长远的视野，能够从大局出发，常常会有宏大的计划和愿景，力图引领公司走在行业的前沿。

外向直觉型领导充满激情和活力，他们这种热情不仅能够激励自己，也能够感染和鼓舞周围的人，使整个团队都充满干劲。他们勇于冒险，乐于接受挑战和尝试新的方法和思路，即使面临风险也会勇往直前。开放沟通是他们的另一个显著特点，他们喜欢与人交流，善于倾听各种意见和想法，重视团队成员的意见，并鼓励创新和不同声音的表达，力求营造开放和包容的工作环境。

外向直觉型领导在某些领域中最为常见，因为他们的创新能力和远见卓识在这些领域中能够得到充分发挥。比如，在科技公司，这类领导凭借其创新思维和远见卓识，能够引领公司在激烈的竞争中脱颖而出，推动技术和产品的不断创新；在创意产业，如广告、设计、影视等行业，他们的创新能力和对可能性的探索，为公司带来了无穷的创意源泉，也推动了行业的发展；在创业公司，他们的冒险精神和灵活性，使他们能够迅速适应市场变化，找到新的发展机遇，带领公司在初创阶段获得成功；在咨询公司，他们的远见卓识和创新思维，可以为客户提供独特的解决方案和建议，帮助他们在复杂的商业环境中找到最佳的发展路径。

与外向直觉型领导相处尚佳的员工通常具备创新能力、灵活适应、积极主动、团队合作和长远眼光等特点。

创新能力是与外向直觉型领导契合的重要品质，能够提出新颖的想法和解决方案，善于思考和创新的员工，能够与领导的思维方式契合，共同推动公司的创新发展；灵活适应能力强的员工，能够快速应对变化和挑战，在一个充满变革和不确定性的环境中，迅速调整自己的工作方式和思路，配合领导的步伐；积极主动的员工，具备主动性和进取心，愿意接受挑战和冒险，在面对未知和风险时，保持积极的心态，勇敢地迎接挑战；团队合作能力强的员工，善于沟通和合作，能够在团队中发挥自己的作用，与领导和同事保持良好的互动；具有长远眼光的员工，具备战略思维，能够从大局出发考虑问题，理解和支持领导的长期愿景，共同为公司的未来努力。

然而，有些员工可能会发现与外向直觉型领导合作存在挑战。比如，那些过于保守、不愿意冒险的员工，可能会觉得领导的频繁变革和创新难以适应，对领导的冒险精神感到不安，难以配合领导的步伐；思维固化、缺乏创新能力的员工，可能难以跟上该类型领导的节奏，觉得自己的想法得不到重视，难以融入团队；执行力强但缺乏灵活性的员工，在一个快速变化的环境中，可能会感到压力和困惑，难以适应领导的要求；喜欢独立工作、不善于团队合作的员工，与领导的频繁沟通和交流，可能让他们感到不自在；那些只关注短期结果、缺乏长期眼光的员工，可能无法理解和支持领导的远大目标和愿景，在面对长期计划和战略时，感到困惑和不满。

在一家迅速发展的互联网公司里，刘总是一位典型的外向直觉型领导，他总是充满激情和活力，时常提出各种创新的点子，带领团队进行各种大胆的尝试。

一天，刘总召集团队开会，讨论一个新的产品构想："各位，我们需要开发一款全新的社交应用，大家有什么好点子？"

小李率先发言："刘总，我觉得我们可以结合人工智能和大数据，为用户提供个性化的社交体验，比如根据他们的兴趣爱好推荐好友和活动。"

刘总点头赞同："这个想法不错，我们可以深入探讨一下。小张，你有什么建议？"

小张有些犹豫："刘总，我觉得我们应该先做一些市场调研，看看用户真正需要什么，再决定软件具体的功能。"

刘总微笑道："市场调研当然重要，但我们也要大胆尝试和创新。大家再想想，还有什么创意？"

在接下来的几天里，刘总组织了多次头脑风暴会议，鼓励团队成员积极提出各种新颖的想法。小李始终积极参与，不断提出新的创意和改进方案。他的创新思维和积极主动的态度，让刘总非常满意。小张则花了较长时间才逐渐适应了这种开放和灵活的工作方式，也开始提出一些实际可行的建议，参与到项目的推进中。

阿尔伯特·爱因斯坦所说："想象力比知识更重要，因为知识是有限的，而想象力概括着世界的一切，推动着进步，并且是知识进化的源泉。"这句话很好地诠释了外向直觉型领导的核心价值。他们的创新远见和对未来的敏锐洞察力，正是推动企业不断进步和发展的关键力量。了解并适应这种领导风格，员工不仅能够在职场中脱颖而出，也能够在个人职业发展中实现更大的突破。

第四章

常见的场景与对策

4.1 顺手帮忙：

做事，但不做老好人

在职场中，顺手帮忙已经成为一种常见现象，比如许多领导喜欢使唤手底下的员工做一些杂活，比如搬快递、买咖啡、准备会议茶歇等事情。这些琐碎的工作，有时候不仅没有得到应有的犒劳，甚至连报销都很麻烦。更有甚者，有的领导会在休息时间拿一些制作 PPT 或整理发言稿的“小活儿”让员工做。一些员工不好意思拒绝，只好接受，但越是顺从，要做的事就越多。这种现象让很多员工感到烦恼和无奈。

从领导的立场来看，这种现象有一定的合理性和背景。一方面，领导往往面临比员工更繁重的工作压力和更繁杂的工作事务，因此，将一些琐碎的工作分配给下属，可以让他们集中精力处理更重要的任务。

另一方面，领导可能并没有意识到这些小任务对员工造成的困扰。因为领导通常忙于自己的工作，对员工的感受缺乏足够的关注和体谅。有些领导可能认为这些琐碎的工作本身并不难，员工完全能够在完成自己的主要工作之余顺手处理这些小任务。

但是，从员工的角度来看，被领导要求顺手帮忙往往令他们进退两难。一方面，员工希望在工作中表现得积极向上，不愿给领导留下懒散或者不合作的印象，因此很少拒绝领导的要求；另一方面，频繁的顺手帮忙会占用员工的休息时间，增加额外的工作负担，导致他们感到疲惫和不满。尤其是在得不到相应的认可和回报时，员工的这种不满情绪会进一步加剧。

针对这种现象，员工需要找到合适的方法，既能够适当帮助领导，又不至于让自己变成“老好人”，以下是一些具体可行的对策。

1. 设定界限

明确工作职责和时间界限，是有效应对频繁顺手帮忙的一种方法。员工可以在接受任务时，适时说明自己的工作进度和时间安排，例如：“领导，这个任务我可以帮忙，但我手头的项目需要优先处理，今天可能做不了了，您看明后天成吗？”这种方式既表明了愿意帮忙的态度，又不会无底线地接受所有任务。

2. 学会拒绝

有时候，合理的拒绝反而能赢得领导的尊重。员工可以委婉地表达自己的困难，比如：“领导，我现在正忙于一个紧急项目，可能无法及时完成这项任务。”这种拒绝方式既不显得生硬，又能让领导了解员工的实际情况。

3. 建议合理安排

员工可以主动提出一些合理的建议，帮助领导更好地安排这些琐碎的工作，例如：“领导，我们是不是可以设立一个轮班制度，每个人轮流处理这些事务，这样大家既能处理好手头重要的工作，也能做好这些零碎的事。”这种建议不仅能解决实际问题，还能展示员工的主动性和解决问题的能力。

4. 提升自身价值

如果员工通过不断提升自身的专业技能和工作价值，在主要工作中表现出色，领导自然会更倾向于让他们处理更重要的任务，而不是琐碎的杂活。

5. 沟通与反馈

与领导保持良好的沟通，适时反馈自己的工作状态和压力情况。员工可以在适当的时机与领导沟通，表达自己的感受和困扰，例如，在绩效评估或日常交流中，坦诚地说出自己的想法和建议，争取领导的理解和支持。

以下是一些具体场景中的应对话语术。

场景一：领导要求员工在休息时间制作 PPT

领导："小张，这个 PPT 有点儿急，你能利用一下休息时间帮我做一下吗？"

员工："领导，我明天早上正好有个空档，可以集中精力做这个 PPT，这样效果会更好，您看可以吗？"

场景二：领导让员工准备会议茶歇

领导："小李，这次会议的茶歇你帮忙准备一下吧。"

员工："好的，领导，不过我手头的报告还没完成，我可以让小李帮一下忙，他平时也做得很好。"

场景三：领导要求员工整理发言稿

领导："小刘，这个发言稿你帮我整理一下吧。"

员工："领导，我正在赶一个项目的最后期限，可能无法及时整理这个发言稿，不如我们一起看看有没有其他同事可以帮忙？"

总之，顺手帮忙在职场中是一个普遍存在的问题，但通过合理的应对策略和有效的沟通，员工可以在帮助领导的同时，不至于让自己变成“老好人”。正如杰克·韦尔奇所说：“在管理工作中，诚信是最重要的，员工需要感到被尊重和公平对待。”员工和领导之间的相互理解和尊重，是解决问题的关键。通过设定界限、学会拒绝、合理安排、提升自身价值和有效沟通，员工可以在职场中更好地发挥自己的能力，与领导和睦相处，共同实现工作的目标和价值。

我们要记住，虽然员工可能会对领导心存不满，但在职场中，员工的智慧和领导的支持是相互成就的关键。只要处理得当，顺手帮忙就不再是困扰，而是促进团队合作和提升工作效率的一种有效手段。员工与领导通力合作，迎接职场中的每一个挑战，才能共同成长，共同进步。

4.2 工作会议：

积极，但得保持虚心

在现代职场中，工作会议已经成为各类企业运作中不可或缺的一部分，尤其在团队合作和项目管理中发挥着重要作用。为了提升团队的凝聚力和工作效率，公司通常会频繁举行各种类型的会议，如产品生产之前需要开会讨论方案，产品进行过程中每周、每月召开小会和大会，甚至还会举行头脑风暴会。这些会议为员工提供了展示自己的机会，但也可能成为职场新人的困扰源头。

许多职场新人可能不太清楚在会议上应该做什么、不应该做什么，以至于无法展现自己的能力，还可能遭到领导的批评。其实，工作会议其实是一个极佳的平台，可以展示个人的专业素养和团队协作能力。因此，了解领导召开工作会议的用意，并掌握会议中的正确行为方式，对于职场新人来说尤为重要。

首先，解决问题。工作中遇到的大小问题都可以通过开会来解决，也可以让全体员工通过会议及时知晓解决方案，避免了逐一告知的麻烦和过程中可能出现的疏漏。

其次，信息共享。会议是传达和分享信息的有效途径，通过会议，领导可以向团队成员传达公司的最新动态、项目进展情况以及未来的工作计划，确保每个人都能及时了解信息并做出相应调整。

再次，通过会议，领导可以促进团队成员之间的沟通和协作。尤其是在头脑风暴会议中，团队成员可以自由交流想法，碰撞出新的创意和解决方案。

从次，通过定期的会议，领导可以监督项目的进展情况，确保工作按照计划进行。会议也是领导考察员工工作态度和能力的一个窗口。

最后，会议是培训和指导新人的良好机会，在会议中，领导可以向新人传达公司的文化和价值观，帮助他们更好地融入团队。

可是，尽管工作会议提供了展示自我的机会，但许多职场新人在心态和行动上容易犯以下一些错误。

1. 不积极参与

有些新人在会议上显得被动，不愿主动发言，错失了展示自己见解和能力的机会。他们可能担心自己说错话，或是害怕在众人面前表现得不好，但这种消极态度只会让他们更难被注意和认可。

2. 过于急躁

与上面那种情况相反，一些新人在会议上过于急躁，频繁打断他人，或者急于表达自己的观点，显得不够稳重和成熟。这不仅会打乱会议的节奏，还会显得不尊重他人，给人留下不好的印象。

3. 缺乏准备

在会议前没有充分准备，对会议议题不熟悉，导致在会议上无法提出有价值的意见和建议。没有准备的发言通常会显得空洞乏力，难以引起他人的共鸣和重视。

4．缺乏倾听

有些新人在会议上只顾着表达自己的观点，忽略了倾听他人的意见，导致沟通不畅，甚至引发冲突。有效的会议沟通不仅需要表达，更需要倾听和理解他人的观点。

5．情绪失控

在会议中受到批评或者意见不被采纳时，有的职场新人会情绪失控，表现出不满或者失落，影响了在领导和同事心中的形象。职场中的情绪管理是非常重要的，情绪失控会给人留下不专业的印象。

6．没有跟进

一些新人在会议结束后，忽视了会议中分配的任务和要求，没有进行后续的跟进工作。这会让领导觉得新人缺乏责任心和执行力，影响对他们的评价。

为了避免上述错误，职场新人在工作会议中可以采取以下具体可行的对策。

1．积极参与，但保持虚心

新人在会议上，要积极参与讨论，提出自己的见解和建议，但要保持虚心，尊重他人的发言。可以用一些谦逊的表达方式，比如“我个人认为……”“不知道大家怎么看……”，来表达自己的观点。

2．充分准备

在会议前，认真阅读会议议题，做好充分的准备工作，准备一些有见地的问题和建议，确保在会议上能够自信地发言；提前熟悉相关资料和数据，以备在讨论中提出有力的论据。

3. 倾听他人

在表达自己的观点之前，先倾听他人的发言，理解他们的立场和观点，然后再结合自己的想法进行发言。这样不仅能够显得更为成熟，还能有效促进团队的沟通和协作。倾听过程中，可以通过点头、微笑等方式表示对他人的尊重和关注。

4. 冷静应对批评

在会议上，难免会遇到不同的意见和批评，要冷静应对，虚心接受，积极寻找改进的方法。可以用一些缓和的方式表达自己的态度，比如“感谢您的建议，我会认真考虑”，展现出开放和积极的态度。保持冷静和专业，不因意见不被采纳而情绪失控，可以在会议后与领导或同事私下沟通，进一步交流自己的想法。新人可以通过呼吸调节和心理暗示来控制紧张情绪，确保在会议上表现得冷静自若。

5. 跟进落实

会议结束后，及时整理会议记录，跟进落实会议中分配的任务和要求，主动汇报进展情况，让领导和同事看到自己的执行力和责任心。可以通过邮件或即时通信工具与相关人员保持沟通，确保工作顺利进行。每次会议后，认真反思自己的表现，总结经验教训，向经验丰富的同事请教，学习他们在会议中的表现和技巧。

总之，工作会议在职场中既是一个展示自我能力的平台，也是一个提升团队协作的机会。职场新人要在会议上积极参与，但也要保持虚心，通过充分准备、倾听他人、冷静应对批评和控制情绪，展现出自己的专业素养和团队精神。

正如卡耐基所言：“不要害怕推销自己，只要你认为自己有才华，你就应该认为自己有资格提任这个或那个职务。”职场新人应在每一次会议中展现自己的才华和专业素养，让每一次发言都成为展示自我的机会，从而赢得领导和同事的认可和信任。

4.3 微信聊天：

寒暄，但要公事公办

微信作为一种主要面向熟人和亲近人开发的社交软件，其便捷性和使用广泛性使其逐渐渗透到工作领域中，成为员工之间、领导与员工之间联系的重要工具。许多企业虽然为了保证公事公办和提高工作效率，会集体使用企业微信、TIM 等更正式的工作交流工具，但仍有不少领导和员工习惯使用微信进行工作上的联系与沟通，因此造成了诸多困扰。

微信的私人性容易模糊工作和生活的界限，使员工感到缺少自己的空间。同时，由于微信聊天的非正式性，员工在回应领导或同事的工作要求时，常常感到进退两难：一方面，出于对领导的尊重和对工作的负责，员工不好意思不回应或不处理微信中的工作事务；另一方面，有些工作内容本不在员工的职责范围内，或超出了工作时间，这让员工感到困惑和为难。

微信作为一款社交软件，开发的初衷是方便用户与亲朋好友之间的即时交流与互动。微信提供了丰富的功能，如语音通话、视频聊天、朋友圈、文件传输等，极大地方便了人们的日常生活和社交需求，用户可以方便地与他人保持联系，分享生活中的点滴，但它的优点也正是它缺点的根源。

正因为微信可以作为快速联系他人的有效工具，所以，在紧急会议通知、突发事件处理时，微信就成了领导召唤员工的传呼机。在一些轻松的、非正式沟通的场合，微信可以提供更为灵活和亲切的交流方式，有助于联络感情，但是领导频繁通过微信联系员工，特别是在非工作时间，就容易打扰员工的私人生活，一旦工作与私人生活的界限模糊，就会让员工感到压力。

还有些领导通过微信向员工布置一些超出其职责范围的任务，或在非工作时间提出要求，无形中增加了员工的负担。而且，微信聊天记录虽然可以保存，但毕竟不如正式的工作软件那样系统和规范，容易造成信息遗漏或误解。

不过，一些职场小白还不明白，那些跨越了界限，影响自己生活的职场行为是可以拒绝的，因此容易犯错误。比如一些职场新人为了与领导建立良好的关系，在微信上频繁与领导寒暄，影响工作效率，容易让领导感觉其不专业；还有些人由于不懂得拒绝，微信上收到领导的信息时，不管内容是否合理，时间是否合适，都习惯性地立即回应，造成自己的生活和工作节奏被打乱。而且，新人在微信上接到领导的任务时，也常常因为不清楚自己的工作范围而不敢拒绝，导致额外的工作负担。

此外，当新人意识到领导其实是在提出不合理的工作要求，想要拒绝时，如果使用的是公司公用的通信工具，就会因为职场形象而有所顾忌，而使用微信，则可能因为微信的私人化和使用不规范化而有更情绪化的表达。那么，在遇到类似的事情时，我们究竟该怎么做呢？以下是几个具体可行的建议。

1. 保持专业态度

在微信上与领导沟通时，保持专业态度，避免频繁寒暄。对于领导的正常工作要求，及时回应，但要有分寸，可以用简洁明了的语言回复，如“好的，我马上处理”或“收到，我会尽快完成”。

2. 明确工作范围

对于不在自己职责范围内的工作要求，可以礼貌地向领导说明自己的情况，如“领导，这项任务我可能不太熟悉，能否请相关负责的同事帮忙处理”或“这项任务涉及的内容比较专业，我建议请相关部门的同事来处理”等。

3. 合理安排时间

对于在非工作时间收到的工作要求，可以根据实际情况进行回复。如果是紧急情况，及时处理并向领导汇报；如不是紧急情况，可以在上班时间再进行处理，并在微信上向领导说明，如“领导，我现在不在电脑前，明天上班后我会尽快处理”。

4. 学会拒绝

对于一些不合理的要求，要学会礼貌地拒绝，可以向领导说明自己当前的工作负荷或其他重要任务，如“领导，我现在手头有一个紧急项目，可能无法同时处理这项任务，能否请其他同事协助”。

5. 情绪管理

在微信上受到领导的批评时，要冷静应对，避免情绪化的回应，可以表示理解和接受，并积极寻求解决办法，如“感谢领导的指正，我会马上改进”或“对不起，这次工作没做好，我会认真总结经验，争取下次做得更好”。

6. 建议领导使用正式渠道

对于一些重要的工作沟通，尽量通过企业微信、TIM 等正式的工作软件进行记录和传达，确保信息的准确性和可追溯性。同时，可以在微信上向领导建议使用这些正式渠道，以便更好地管理和跟进工作。

微信作为一种便捷的通讯工具，虽然在职场中有合理的应用场景，但也容易带来工作与生活界限模糊的问题。职场新人需要在微信沟通中保持专业态度，明确工作范围，合理安排时间，学会礼貌地拒绝不合理的要求，并做好情绪管理。通过有效的沟通策略，职场新人不仅可以更好地应对微信上的工作要求，还能在领导和同事中树立专业和负责的形象。

正如管理学家约翰·科特所说："沟通的艺术不仅在于传达信息，还在于确保信息被正确地接收和理解。"在职场中，微信等即时通信工具的使用需要谨慎和得当，在确保工作高效推进的同时，维护好个人的生活和工作平衡。通过不断学习和实践，每一位职场新人都能在微信沟通中游刃有余，展现自己的专业素养和团队精神。

4.4 请假陈情：

谦逊，但需不卑不亢

在职场中，员工请假是一件再正常不过的事情，然而，在许多公司里，请假常常成为一个敏感话题，尤其面对那些一切以效益为重的领导时，员工请假就变得格外困难。有些领导对员工的请假申请持有怀疑态度，认为这是员工偷懒的借口，或是担心员工请假会影响团队的工作进度和业绩表现。这样的职场环境让许多员工感到无所适从，不知如何才能在不影响工作的前提下，合理表达自己的请假需求。

不仅仅是请假，许多合理的行为，如提出意见、申请资源或是寻求帮助等，也容易让职场新人陷入困境。许多新人因为不懂得如何巧妙地表达自己的需求和想法，可能触碰到领导的"雷区"，导致沟通失败，甚至影响到自己的职业发展。

领导往往担心员工请假会影响工作进度，特别是那些在关键项目中的员工，一旦缺席，可能会导致整个项目的延迟或质量下降。而且，有些领导比较多疑，相信人性本恶，怀疑员工请假的真实动机，担心员工利用请假来逃避工作或偷懒。再有，因为公司人很多，如果每天都有人请假，虽然是不同的人，但也可能会影响团队的士气和工作氛围，让其他员工觉得不公平，导致团队内部出现矛盾和不和谐。

除了请假，还有一些行为也容易触碰到领导的“雷区”，比如频繁提意见。尽管提出建设性的意见对团队发展有利，但如果员工频繁提出意见，尤其是提一些不切实际或过于挑剔的建议，可能会让领导感到烦躁。另外，员工申请额外的资源或支持，特别是在公司资源紧张的时候，哪怕要求很合理，都可能会让领导觉得员工在制造麻烦或增加公司的负担。员工在遇到困难时寻求领导帮助是正常的，但如果过于频繁，或在一些简单问题上也依赖领导，可能会被领导视为缺乏独立解决问题的能力。

面对这些问题，职场小白需要学会如何巧妙地表达自己的需求和想法，以避免触碰领导的雷区，以下是一些具体可行的建议。

1. 合理安排请假时间

在尽量选择工作负担较轻的时间段提出请假申请，避免在关键项目或紧急任务期间请假。同时，提前与同事沟通，确保有人能够暂时接手自己的工作，减少对团队的影响。

2. 清晰表达请假理由

在请假时，要清晰简洁地说明请假的理由，避免过多的细节或解释，例如：“领导，我需要请三天假，因为需要陪同家人去医院进行重要的检查。我的工作已经安排妥当，×× 同事会暂时接手我的任务。”

3. 提出解决方案

在请假申请中，主动提出解决方案，展示自己的责任感和对工作的重视，例如："为了不影响项目进度，我会在请假前完成当前的工作任务，并安排好后续工作。"

4．温和提出意见

在提出意见时，要注意语气和方式，避免激进或挑衅的态度，可以先表达对现有工作的肯定，然后再提出改进建议，例如："领导，我觉得我们目前的工作流程非常高效，但如果能在某些环节增加一些自动化工具，可能会进一步提升效率。"

5．谨慎申请资源

在申请资源时，要充分考虑公司的实际情况和领导的关注点，提出具体的需求和预期效果，让领导看到投入的价值，例如："领导，为了提高团队的工作效率，我建议购买一款新的项目管理软件，这样可以减少手动记录的时间，提高我们的工作准确性。"

以下是一些具体的实践案例。

案例一：请假申请

【不合理的低情商说辞】

员工："领导，我家里有点儿事，需要请几天假。"

领导："什么事？现在项目这么紧张，你请假谁来接你的工作？"

【合理的高情商说辞】

员工："领导，您好，我需要请三天假，家人需要我陪同去医院进行一个重要的检查。为了不影响项目进度，我已经安排好手头的工作，并与××同事沟通好了，他会暂时接手我的任务。如果有紧急情况，我也会保持手机畅通，及时处理。"

领导："哦，好的。好好照顾家人，有事我会打你电话。"

案例二：提出意见

【不合理的低情商说辞】

员工：“领导，我觉得我们现在的工作流程很有问题，效率太低了，需要改进一下。”

领导：“你才来几天？怎么就对流程这么不满？”

【合理的高情商说辞】

员工：“领导，我们目前的工作流程整体上很高效，但我发现某些环节如果能增加一些自动化工具，可能会进一步提升我们的效率，不知道您是否有时间听一下我的建议？”

领导：“是吗？你详细说说。”

在职场中，如何在不影响工作的情况下合理表达自己的需求，是每个员工必须掌握的技能。请假、提出意见、申请资源等行为，都是职场中的常见情况，但如果处理不当，容易触碰到领导的“雷区”，影响自己的职业发展。职场新人需要学会在表达需求时，保持谦逊但不卑不亢，通过合理的沟通策略，既能维护自己的权利，也能赢得领导的理解和支持。

正如管理学家德鲁克所说：“有效的沟通是管理者最重要的工具之一。”在职场中，学会如何巧妙地表达自己的需求，不仅能让自己在工作中更加自如，也能为团队的整体发展贡献更多的力量。通过不断学习和实践，每一位职场新人都能在职场中找到自己的位置，实现个人与团队的双赢。

第五章

向上借势思维的培养

5.1 共赢思维：

一荣俱荣，一损俱损

在职场中，很多员工陷入了“学生思维”和“打工人思维”的误区。“学生思维”是指员工将工作视为一种单向的任务完成，就像在学校完成作业一样，只要按照领导的指示去做，就能获得认可和成功。这种思维模式下，员工通常不敢提出自己的意见，害怕犯错。

“打工人思维”则是指员工将工作视为一种谋生手段，只是为了拿一份工资而去做事，缺乏对工作的热情和责任感，对领导的意见和工作中的问题往往选择默默忍受，消极对待。这两种思维方式都会让员工在工作中感到疲惫，难以真正发挥自己的潜力。

首先，学生思维和打工人思维都限制了员工的主动性和创新精神。前者只注重完成任务，后者则完全不愿意付出额外的努力，这都会导致员工在职场中无法展现出自己的真正才能。

其次，长期处于这两种思维模式中，员工容易感到疲惫和压力。学生思维让员工时刻担心犯错，打工人思维则让员工缺乏工作的成就感和动力。

最后，无论是学生思维还是打工人思维，都不利于团队合作。前者只关心自己的任务完成情况，后者则完全不关心团队的目标和方向，两者都会影响整个团队的绩效和发展。

共赢思维强调的是员工和领导之间相辅相成，共同成长。拥有共赢思维的员工，不仅关注个人的绩效，更关注团队的成功和公司整体的利益。这样的思维模式能够带来诸多好处，比如，共赢思维鼓励员工之间相互支持和配合，提高团队的整体效率和创造力；共赢思维让员工感受到自己的重要性和责任感，激发他们的创新意识和工作积极性；共赢思维有助于建立和谐的工作氛围，减少内部的竞争和摩擦，增强团队的凝聚力；等等。

摆脱“学生思维”和“打工人思维”，需要员工主动调整自己的心态和行为。以下是几种具体的方法，能够帮助员工在职场中更好地发挥自己的能力，与领导和团队建立更加紧密的合作关系。

1. 树立共同目标，明确自己的角色和目标

在工作中，员工要明确自己在团队中的角色和职责，了解团队和公司的整体目标。通过与领导和同事的沟通，制定个人的工作目标，并将其与团队的目标结合起来。

【正面案例】

小李是一名市场营销专员，他在季度会议上听到公司想要扩大市场份额的计划后，主动与部门经理沟通，了解自己可以在哪些方面做出贡献。经理与他一起制定了详细的营销计划，并设定了具体的绩效目标。通过这种方式，小李在团队中找到了自己的定位，并为公司目标的实现贡献了自己的力量。

【反面案例】

小张也是一名市场营销专员，他在会议上只是听取了公司的计划，没有主动去了解自己能做些什么，他认为只要按部就班完成自己的日常工作就可以了。结果，他的工作没有显著提升，也没有为团队带来更多的价值。

2．积极沟通和反馈，表达自己的想法和建议

员工在工作中要保持积极的沟通态度，遇到问题或有新的想法时，及时向领导和同事反馈。这样做不仅可以让领导了解员工的工作状态，还能获得宝贵的指导和建议。

【正面案例】

小刘是一名软件工程师，在开发新项目时，他发现了一些潜在的技术风险。小刘没有选择沉默，而是主动与项目经理沟通，提出自己的担忧和解决方案。经理对此表示赞赏，并安排团队进行讨论和优化，最终项目顺利完成。

【反面案例】

小刘在开发项目时也发现了问题，但他认为这不是自己的责任，没有主动反馈。到了项目后期，问题暴露出来，导致项目延期，团队不得不加班解决问题，小刘也因此受到了批评。

3．培养解决问题的能力，主动思考，寻找解决方案

员工在工作中要积极思考，遇到问题时不要只依赖领导的指示，而应尝试自己寻找解决方案。这样做，不仅能够提高自己的解决问题能力，还能增强工作的成就感和自信心。

【正面案例】

小赵是公司的一名采购员，最近公司需要紧急采购一批设备，但供应商的交货时间不确定。小赵没有直接把问题推给上级，而是主动联系多个供应商，比较价格和交货时间，并提出了几种可行的采购方案供上级选择。最终，公司顺利完成了设备采购。

【反面案例】

小陈遇到了同样的问题，但他只是将情况汇报给上级，没有提出任何解决方案。上级只好从繁忙的工作中抽出时间来解决这个问题，导致采购进度拖延，团队的工作受到了影响。

摆脱“学生思维”和“打工人思维”，树立共赢思维，需要员工在工作中主动调整心态，积极参与团队合作，不断提升自己的技能和知识。通过明确目标、积极沟通、培养解决问题的能力、重视团队合作、保持积极的学习态度、提高主动性和责任感，以及主动寻求反馈和指导，员工不仅能够更好地发挥自己的能力，还能与领导和同事建立更加紧密的合作关系，共同推动团队和公司的发展。

也正如哈佛大学前校长德鲁·福斯特所说：“成功不是一个人的独奏，而是一群人的合奏。”在职场中，员工和领导之间的关系不应该是对立的，而应是相辅相成的。只有拥有共赢思维，才能提升团队的合作效率，激发员工的创新和积极性，创造和谐的工作环境，让每个人在工作中都能感受到成就感和归属感。

5.2 端正位置：

在其位，谋其政

在职场中，每个人都如同一颗螺丝钉，承担着自己的职责和任务。然而，有些人不甘于仅仅成为一颗螺丝钉，他们希望在职场中有所表现和发展，最终成为领导。这种积极向上的心态是值得鼓励的，但如果不明白自己的位置，一味地展露野心，甚至损害同事利益来获取升职机会，往往会导致职场上的挫折和失败。因此，理解“在其位，谋其政”的深意，平衡野心和务实，才能在职场中走得更远。

我们先来明确“在其位，谋其政”的含义。

首先，就是明确职责。“在其位，谋其政”首先强调的是每个员工都要明确自己的职责。在职场中，每个职位都有其特定的责任和任务，员工需要充分了解并履行这些职责，只有在自己的岗位上尽心尽责，才能为团队和公司的整体目标做出贡献。

其次，应当有敬业精神。敬业精神是“在其位，谋其政”的核心。员工在其岗位上应尽己所能，把每一项工作都做到最好。这不仅体现了员工的职业素养，也为其个人发展奠定了坚实的基础。无论是日常工作还是应对挑战，敬业精神都是员工取得成功的重要保证。

最后，是必须明白团队协作的重要性。“在其位，谋其政”不仅是指个人的职责，还强调团队协作。员工需要认识到，自己是团队的一员，自己的工作与团队和公司的目标息息相关，尊重同事，互相配合，共同努力，才能实现团队的整体成功。团队协作不仅有助于提高工作效率，还能增强员工之间的凝聚力和信任感。

职场中不乏一些“在其位”却想要做更多不属于这个位置该做的事情的人，他们属于职场中的“狼族”，有蓬勃的野心。诚然，野心是推动个人进步的重要动力，一个有野心的员工往往更有动力去学习新技能，接受新挑战，从而提升自己的职业竞争力。只是，务实是野心的基础，只有在现有岗位上踏实工作，才能为未来的发展打下坚实的基础。过于急功近利，不仅可能导致失败，还可能影响团队的士气。

野心和务实一定要平衡，务实的态度使员工在面对挑战时更加冷静和理性，从而做出更明智的决策，才能让员工在职场上平步青云。员工应时刻保持清醒，不要为了短期的利益而忽视长远的发展，通过实际行动，展现自己的能力和价值，赢得领导和同事的认可。

【正面案例】

背景：小李是一名项目经理助理，最近公司启动了一个重要项目，小李负责其中的一个子项目，他知道这是一个展示自己能力的好机会。

行为：小李深入研究了项目的背景和要求，主动与项目经理沟通，了解整体项目的进展和自己子项目的定位。他积极与团队成员合作，分享信息和资源，并在项目遇到问题时，主动提出解决方案。在项目会议上，小李不仅汇报自己的工作进展，还提出了改进意见，得到了项目经理和团队的认可。

结果：由于小李的积极态度和出色表现，子项目顺利完成，不仅达到了预期效果，还超出了预期目标。项目经理对小李的工作表示非常满意，并在公司内部表扬了他的表现。

分析：小李的成功在于他清楚地认识到自己的职责，并在自己的岗位上尽职尽责。他不仅完成了自己的任务，还通过与团队的合作和积极的沟通，提升了整体项目的质量和效率。这种在其位谋其政的态度，使得他在团队中赢得了信任和尊重，为未来的发展打下了坚实的基础。

【反面案例】

背景：小张是一名市场营销专员，他渴望在公司中快速升职。在一次市场推广活动中，他被分配负责一个重要的部分。

行为：小张为了尽快取得成果，频繁加班独自完成任务，几乎不与同事沟通。他认为这样能更快地展示自己的能力，吸引领导的注意。小张在团队会议上常常高调表现自己，甚至批评其他同事的工作，试图突显自己的能力。

结果：虽然小张在短期内完成了几项任务，但由于缺乏团队合作，导致整体市场推广活动效果不佳。团队成员对他的做法表示不满，认为他只顾自己，不顾整体利益；领导也认为小张缺乏团队合作精神，对其产生了怀疑。

分析：小张的失败在于他过于急功近利，忽视了团队合作的重要性。他虽然有野心，但未能正确平衡野心与务实，导致了个人和团队的双重失败。这种不顾全局的做法，不仅影响了工作的质量，也损害了同事关系，使他在职场中难以获得长远的发展。

“在其位，谋其政”强调的是员工在职场中应清楚自己的职责，并在自己的岗位上尽职尽责。通过以上正反两个案例可以看出，员工只有在现有岗位上踏实工作，才能为未来的发展打下坚实的基础。员工需要正确理解自己的角色和职责，不断提升自己的能力和素质，以实际行动赢得领导和同事的认可。野心是推动个人进步的重要动力，但务实是野心的基础，只有在现有岗位上做好本职工作，才能为未来的发展创造条件。急功近利、忽视团队合作，不仅会影响个人的职业发展，还会对团队的绩效和工作氛围造成负面影响。

“在其位，谋其政”不仅是对员工的要求，更是一种职业素养和态度的体现——不急于求成，不因短期的成绩而沾沾自喜，只有在踏实工作的基础上，才能逐步实现个人的职业目标。员工通过实际行动，赢得领导和同事的信任和认可，才能在职场中走得更远。

5.3 创造距离：

距离产生美

在职场中，保持适当的距离是一种智慧。员工不应与领导过于亲密，同事之间也应保持一定的界限。距离产生美，适当的距离让人们在相处中保持一种礼貌和尊重，它能让人际关系更加和谐，使个人在职场中更好地发挥自己的能力，并与他人和睦相处。

与领导保持一定的距离，可以避免因过分亲密导致边界模糊。员工需要明白，领导不仅是前辈，也是管理者，过分亲密可能会让领导感到不适，从而影响对员工的看法和评价。保持距离，既能展示对领导的尊重，又能让员工在工作中保持应有的独立性和专业性。

距离产生美，是同事间良好关系的保障。同事之间的相处需要一定的距离感，过分亲密容易导致私人关系和情绪影响工作，引起冲突和摩擦。适度的距离则能让同事在工作中保持客观和公正，不因为私人关系而影响工作的判断和决策。因此，同事之间的相处应保持在一个适度的范围内，既能彼此支持，又不干扰各自的工作节奏和任务。

如果员工不能很好地控制公私距离，可能会导致一系列不良后果。

首先，员工与领导过于亲密，容易被其他同事误解为“拍马屁”或“走后门”，从而影响其在团队中的声誉和形象。这种情况不仅会让同事们感到不满，还可能引发办公室问题，影响团队的团结和协作。

其次，员工与同事过于亲密，可能会导致私人情感影响工作决策。例如，当同事之间发生矛盾时，过于亲密的关系可能让员工难以保持客观和公正，从而影响工作决策效率。同时，私人关系中的问题也可能扩散到工作中，导致工作氛围紧张和不和谐。

最后，无法保持距离还可能影响个人的职业发展。过分的亲密会让领导质疑员工的专业性和独立性，认为其不能客观冷静地处理个人情感和工作事务，有搞小团体的问题。这种情况下，员工的职业形象和发展机会都会受到不利影响，难以在职场中获得长远的发展。

想要学会控制交际距离，以下是几个比较实用的建议。

1. 保持专业态度

无论是对待领导还是同事，都应保持公事公办的专业态度。工作场合应以工作为重，不要过多涉及私人话题。这样不仅能展示自己的职业素养，还能避免因私人关系过于亲密而导致的误会和麻烦。比如，在与同事讨论项目进展时，可以集中于工作内容，而避免谈论私人生活。

2. 学会倾听和共情

情商高的人懂得倾听他人的意见和感受，在与人交往时能够共情，但不会过度介入他人的私人生活。他们在同事或领导遇到问题时，会给予适当的支持和帮助，但不会过分干涉。比如，同事诉说压力时，表达理解和支持，而不是深入询问个人生活细节。

3. 控制信息分享

在职场中，我们不要过多分享个人生活的细节，要保持一定的神秘感，让他人对我们保持尊重和好奇。过度的自我暴露会让人觉得不够成熟不够专业，影响自己的职业形象。比如，在午餐时间，可以讨论社会新闻或明星八卦，但避免涉及个人隐私。

4. 建立清晰的边界

与领导和同事交往时，应建立清晰的边界，明确哪些话题可以讨论，哪些不可以。这样不仅能保护自己的隐私，也能避免因过分亲密而导致的尴尬和误会。比如，可以友好地拒绝同事提出的非工作时间的私人聚会，保持适当的距离。

5. 适当进行社交活动

选择一些适当的社交活动，如公司组织的团队建设活动、节日聚会等，通过这些活动来增进彼此的了解和关系，但不要过度频繁地进行私人聚会。比如，可以参与公司的志愿者活动，既能增进同事之间的友谊，又能避免过分亲密。

正如园艺师修剪树木，保持适当的距离，才能让每一棵树都茁壮成长，职场中的人际关系亦然。距离产生美，适当的距离不仅能让人际关系更加和谐，也能使个人在职场中更加游刃有余。通过保持专业态度、学会倾听、控制信息分享、建立清晰边界和适当进行社交活动，每个人都能在职场中保持适度的距离，提升情商，实现个人和团队的共同成长。最终，正如修剪得当的树木那样，每个人都能在职场这片森林中找到自己的位置，健康成长，共同繁荣。

5.4 学会服从：退一步海阔天空

在职场中，学会服从和让步是一种智慧，它不仅能帮助我们更好地与他人相处，还能避免不必要的冲突和摩擦。很多人误解了“老实人”的真正含义，认为他们只会忍让和退缩，实际上，真正懂得退一步海阔天空的人，是那些懂得在适当的时候退守，韬光养晦，并在关键时刻展现自己能力的人。

退一步海阔天空，是一种大局观。面对领导的决策或同事的意见时，学会服从和让步，并不意味着软弱和无能，而是展现出对团队和公司整体利益的关注。当我们能够放下个人的得失，站在更高的角度看待问题时，就会发现许多看似无法妥协的事情其实并没有那么严重。服从领导的安排，是尊重和认可其管理权，也是在维护组织的秩序和稳定。正如一支军队需要纪律和服从才能取得胜利，职场中的团队合作同样需要每个成员的服从和配合。

退一步海阔天空，是一种智慧。在职场中，人与人之间的关系错综复杂，学会在合适的时候让步，可以避免许多不必要的冲突和矛盾。忍让并不是懦弱，而是一种情商高的表现。懂得在小事上退让，为自己和他人留有余地，才能在大事上获得更多的支持和信任。比如在团队合作中，有时我们需要妥协，接受他人的意见，因为这不仅有助于项目的顺利进行，还能建立起良好的合作关系，为未来的工作打下坚实的基础。

退一步海阔天空，是一种自我提升。让步并不代表放弃原则，而是为了长远的利益暂时退守罢了。懂得让步的人，往往能够更好地管理自己的情绪和行为，不会因为一时的得失而失去方向。学会服从，有助于我们更好地理解他人的立场和观点，从而提升自己的沟通和协调能力。在职场中，能够与不同性格和背景的人相处融洽，是一种重要的能力。通过服从和让步，我们不仅能展示出自己的包容和大度，还能在磨炼中不断提升自我，从而变得更加成熟和稳重。

如果在某些事情上不懂得退步和忍让，可能会导致一系列不良后果。

首先，可能会引发与领导的冲突。在职场中，领导是决策者和管理者，员工的服从是维护团队秩序和效率的关键。如果一味地坚持自己的意见，不服从领导的安排，很容易被视为不尊重权威，从而导致与领导关系紧张，影响自己的职业发展。

其次，不愿退让可能会破坏同事之间的关系。团队合作需要每个成员的相互理解和支持，如果总是固执己见，不愿意接受他人的建议和意见，容易引发同事之间的矛盾和摩擦。长此以往，不仅会影响工作效率，还可能导致工作氛围紧张和不和谐。

最后，不懂得退让还可能影响个人的心理健康。在职场中，时常与他人发生冲突和对立，会让自己处于高压和紧张的状态，久而久之，会产生焦虑和不满情绪，影响工作积极性和整体表现。因此，学会退一步，既是为了他人，也是为了自己的身心健康。

那么，我们应该如何学会正确、适度地服从和忍让？

1. 保持尊重与理解

即使在不同意领导或同事意见的时候，也要保持尊重和理解的态度。这样不仅能缓解紧张关系，还能共同找到更好的解决方案。比如，在团队讨论时，即使不同意某个提议，也要先肯定对方的观点，再提出自己的看法。

2. 选择合适的时机

在表达不同意见时，选择合适的时机非常重要。如果在公开场合与领导对立，可能会引发尴尬和不快，不如选择私下交流，妥善表达自己的看法，这样更有利于沟通和理解。比如，在团队会议后，可以私下找领导沟通，而不是当众反驳。

3. 学会妥协

在一些无关紧要的小事上，要学会妥协和退让，为大局着想。小的妥协可以换取更大的合作和信任，有助于自己在团队中建立良好的形象。比如，在项目分工上，如果遇到争议，可以主动让出一些利益，以显示自己的合作精神。

4. 提升情商

情商高的人懂得如何处理人际关系，能够在合适的时机表达自己的意见，同时又不伤害他人的感情。通过学习和实践，提高自己的情商，能更好地应对职场中的各种挑战。比如，通过阅读相关书籍，参加情商培训课程，提高自己在职场中的情商和人际交往能力。

5. 守住底线

值得注意的是，忍让和退步绝对不是无底线的，也要维护自己的自尊和底线。在原则性问题上，要坚定立场，通过合理的方式，不卑不亢地表达自己的观点，而不是一味地退让和妥协。比如，在面对不合理的要求时，可以理性地与领导沟通，提出自己的合理诉求。

退一步海阔天空，并不意味着软弱和无能，而是为了更好地前行；学会服从和退让，如同河流遇到障碍时选择绕道而行，最终仍能奔流入海。通过保持尊重与理解、选择合适的时机、学会妥协、提升情商和维护自尊与底线，我们可以在职场中游刃有余，赢得他人的尊重和信任，实现个人与团队的共同成长。正如河流最终汇入大海一样，学会服从和退让，我们也能在职场中找到更广阔的发展空间。

第六章

职场的智慧——巧妙借势

6.1 何时退守：

识时务者为俊杰

在职场中，何时退守，何时进攻，是每个职场人士都需要认真思考的问题。识时务者为俊杰，这句古训在职场中同样适用。职场环境不断变化，挑战也在不断出现，我们必须具备智慧和洞察力，及时调整策略，做出正确的决策，才能在竞争激烈的职场中立于不败之地。

想象一下，你是一名团队领导，正面临着项目进度严重滞后的困境。在项目的初期，一切看起来都很顺利，团队成员士气高涨，大家都充满信心地向着目标前进。然而，随着时间的推移，问题逐渐浮出水面：资源不足、沟通不畅、团队合作出现矛盾等等。面对这种情况，作为领导，你的第一反应可能是加大投入，加班加点，试图通过更多的努力来弥补不足。

然而，在某些情况下，更多的努力并不一定能够解决问题，反而可能会让情况变得更糟。这时候，识时务就显得尤为重要了。退守，并不意味着失败或者放弃，而是一种明智的选择，是一种根据实际情况做出的战略调整。当项目陷入困境时，适时的退守可以让我们有机会重新审视问题，找到根本原因，及时纠正错误，避免进一步的损失。

但是在职场中，明确“何时退守”并不是一件容易的事情。很多时候，一些员工会因为“面子”“自尊”或者“固执”而选择按部就班地坚持下去，忽视了事实的变化，也没有及时对客观情况进行评估。然而，逆水行舟，不进则退。如果我们无法适应环境的变化，无法及时调整策略，那么最终面临的结果很可能是失败和挫折。

所以，识时务者为俊杰，何时退守，何时进攻，需要我们具备清醒的头脑和坚定的决心。退守并不意味着放弃目标，而是一种重新调整思路，重新出发的过程。只有在适时退守的情况下，我们才能够保持清醒的头脑，把握住自己的命运，最终取得成功。

还有时候，我们会面临一些无法控制的外部环境因素，比如经济形势的不稳定、市场竞争的加剧等。这时候，及时退守，可以让我们在逆境中保持清醒，及时调整策略，避免进一步的损失。正如古人所说，“兵无常势，水无常形”，只有适时退守，我们才能够在变幻莫测的职场中立于不败之地。

除了外部环境的因素，内部因素也会影响我们的决策。比如团队成员的素质、团队文化的氛围等。我们需要根据具体情况及时调整团队结构，加强内部沟通，提高团队的凝聚力和战斗力。只有在内外兼修的情况下，我们才能够在竞争激烈的职场中立于不败之地。

1. 感知环境

要把握好何时退守，就需要具备敏锐的观察力和感知能力，及时察觉到环境的变化。职场就像是没有硝烟的战场，随时都有可能发生意想不到的变化。因此，作为职场中的一员，我们需要时刻保持警惕，不断观察周围的动向，了解市场、行业以及组织内部的变化趋势。只有全面观察和了解环境，才能够及时发现问题和风险，做出明智的决策。

2. 衡量风险与回报

在做出退守的决定前，需要全面考量风险与回报。面对无法逆转的局势，全面考虑之后的退守并不意味着失败或软弱，而是一种明智的选择。在分析风险时，要考虑到可能面临的挑战、障碍以及后续可能的发展，要考虑的因素包括现有资源的利用效率、市场竞争的激烈程度、未来发展的潜力，以及个人能力和资源的匹配度等，同时也要评估退守所带来的收益，看是否值得为之付出代价。只有充分考虑了这些因素之后，才能够做出符合实际情况的决策。

3. 保持灵活性

识时务者不仅要有决断力，还要保持灵活性。灵活性不仅能够帮助我们更好地适应环境的变化，还能够为未来的发展开辟更广阔的空间。保持灵活性意味着要善于调整思维和行动方式，及时做出反应，并且不固执于一成不变的计划。职场和市场变化莫测，有时候原计划可能并不适用于当前的情况。因此，在决定退守后，我们需要灵活地调整思路和策略，寻找新的出路和机会，而不是坐以待毙。

4. 坚持原则

尽管在某些情况下退守是明智的选择，但也不能因为环境的变化而轻易妥协，放弃自己的原则和底线。在职场中，诚信、责任和正直是我们作为职场人士应该秉持的核心价值观。无论面临何种困难和挑战，我们都应该坚持自己的原则，退守并不意味着放弃，我们仍要坚守信念，做一个有担当、有信仰的职场人，积蓄力量，这样才能在机会来临时厚积薄发。

5. 寻求支持与建议

面临重大决策时，不妨向身边可信赖的人寻求支持与建议。这些人可以是同事、朋友，也可以是家人或是导师。他们可能会给出一些不同的角度和思路，帮助我们更好地审时度势，做出明智的选择。与他人交流，我们不仅可以获取他人的经验和智慧，还可以建立更加紧密的人际关系，听取不同的意见和建议，可以帮助我们开阔视野，调整思维方向，从而做出更加全面和准确的决策。

在现在这个快节奏、变化迅速的职场环境中，识时务者为俊杰，能够明智地做出退守的决定，不仅能够保护自己，还能够为未来的发展留出空间。

6.2 何时突出：

机会留给有准备的人

在职场的舞台上，机会往往像捉迷藏一样，时隐时现，转瞬即逝。那些能够抓住机会的人，并不一定受到运气之神眷顾，而是因为他们感觉敏锐，准备充分，敢于行动。“机会留给有准备的人”，这句话可谓颠扑不破的真理。只有那些敢于行动、准备充分的人，才能抓住机会，迎接挑战，最终成为职场中的佼佼者。

1．捕捉机会的脚步

职场就像一场巨大的“赌局”，每个人都希望自己是幸运的赢家。但是，要成为真正的赢家，光靠运气是远远不够的，更需要一双敏锐的眼睛，时刻留意机会。所谓“机会留给有准备的人”，并不是说机会只会降临在少数精英身上，而是强调那些有备而来的普通人更容易捕捉到机会的脚步。

想象一下，你正在一次重要的团队会议上，领导提出了一个看似棘手的问题，但你恰好在之前的准备中已经有了相应的解决方案。这时候，如果你敢于站出来，展现你的见解和解决方案，那么你就是抓住机会的人。因为在这样的场合，领导和同事们都在寻找有才华、有想法、有解决问题能力的人，而你的行动证明了你正是这样的人。

2. 准备充分，迎接挑战

充分的准备是成功的基石，也是把握机会的关键。有人说，成功是一场长期的准备，但往往在一个短暂的瞬间展现出来。所以，当机会降临时，我们必须确保自己已经做好了充分的准备，以便迎接挑战。

想象一下，假设你正在寻找晋升的机会。在面对晋升的选拔时，如果你只是坐等机会降临，而没有提前进行职业规划、技能提升和人际关系建设，那么即使机会来临，你也可能会因为缺乏准备而与晋升擦肩而过。相反，如果你在平时就不断地充实自己的知识和技能，积极主动地争取提升自己的机会，那么当机会来临时，你就会成为那个备受青睐的人选。

3. 敢于行动，不畏失败

机会往往隐藏在风险之中，而成功往往伴随着失败。因此，要想成为那个抓住机会的人，就必须敢于行动，不畏失败。勇敢地去尝试新的事物，敢于冒险，敢于承担责任，而这些正是职场中佼佼者的必备品质。

想象一下，你正在参与一个重要的项目，但困难重重，压力山大。这时候，如果你能够勇敢地主动承担更多的责任，挑战自己的能力极限，那么即使最终失败了，你也会因为自己的勇敢而受到赞赏。而这种勇敢的行动，也许会为你赢得更大的机会，让你成为众人瞩目的焦点。

4. 善于把握时机，灵活应对

把握时机对于抓住机会至关重要，因为机会转瞬即逝，绝对不会一直存在。在职场中，很多时候成功与否取决于我们是否能够恰到好处地把握时机。因此，要想成为那个抓住机会的人，就需要善于观察，灵活应对，随时在思想和行动上做好准备。

想象一下，假设你在一次公司聚餐中偶然听到领导提到了一个新项目，而你恰好有相关的经验和技能。这时候，你就应该抓住机会，立即与领导交流你的想法和建议，展现你的价值和能力。因为面对新项目，领导同样是在面临挑战，因此更愿意倾听并考虑新鲜的想法，而你的行动恰好迎合了他的期待。

5. 建立良好的人际关系，拓展机会之路

在职场中，人际关系是获取机会的关键。有时候，即使我们再有能力，如果没有足够的人脉资源，也很难抓住机会。因此，要想成为那个把握住机会的人，就需要建立良好的人际关系，拓宽机会到来之路。

想象一下，假设你正在寻找新的工作机会，而你恰好有一个在目标公司工作的朋友。这时候，你可以通过与这位朋友保持联系，表达你对新工作的兴趣，并请他介绍你认识他们公司相关部门的负责人。通过这样的人际关系网络，你就能够获得更多的机会和资源，提高自己成功的概率。

在职场中，机会无处不在，但真正能够抓住机会的人并不多，要想成为那个被机会女神眷顾的人，就需要建立良好的人际关系，培养自己敏锐的眼光，充分做好准备，关键时刻勇于行动，把握时机绝不迟疑。只有这样，我们才能够在竞争激烈的职场中脱颖而出，实现自己的职业发展目标。

6.3 如何拒绝：

说“不”的五个诀窍

初入职场，我们往往被灌输“领导说是就是，说不就不行”的理念。但实际上，学会拒绝也是职场智慧的一部分。有时候，我们需要学会拒绝一些任务、一些提议，以便更好地专注于重要的事情，保持自己的工作效率和心理健康。

学会拒绝并不意味着完全拒绝每一个请求或任务，而是一种在适当时机和适当情况下表达自己真实意愿的能力。学会拒绝是建立在尊重自己和他人之上的，它不仅能够保护我们不会过分消耗时间和精力，还能够维护我们的个人边界。在职场上，学会拒绝是一项至关重要的技能，它需要技巧、沟通和自我意识的平衡。

首先，学会拒绝需要一定的自我意识，包括对自己的最大工作负荷、时间安排和个人边界的清晰认识。通过了解自己的工作能力和限制，我们可以更好地判断何时需要拒绝一个任务或请求。自我意识还包括对自己价值的认识，明白自己的时间和精力是有限的资源，因此需要谨慎地分配和管理。

其次，学会拒绝需要一种适当的沟通技巧。拒绝并不意味着要对别人采取敌对的态度或表达出不合作的情绪。相反，拒绝应以尊重对方为前提，然后以一种委婉、解决问题的态度来进行，包括提供合理的解释或理由，表达我们的困难或限制，并且以积极的方式与对方一起寻求解决方案。良好的沟通能力可以帮助我们更好地传达自己的真实意愿，同时维护良好的人际关系。

再次，学会拒绝也需要一种灵活性和智慧。在某些情况下，拒绝可能是明智的选择，可以帮助我们集中精力处理更重要的事务；但在另外的情况下，接受一个额外的任务或请求可能会带来更多的机会或成长。因此，我们需要根据具体情况和自己手头事务的优先级来决定何时拒绝、何时接受。

最后，学会拒绝还需要勇气和自信，因为拒绝可能会引起他人的不满或反感，但我们要相信自己的决定，并坚定地维护自己的边界。同时，学会拒绝也需要接受失败和错误的可能性，因为有时可能会因为拒绝而错过一些机会，但这是成长和学习的过程中不可避免的。总的来说，在职场上学会拒绝是一项复杂而重要的技能，它具有以下重要性。

1. 保护时间和精力

职场上常常会有各种任务和请求不断涌现，如果不学会拒绝，就可能会陷入被动应付的境地，消耗过多的时间和精力。

2. 提高工作效率

拒绝一些与个人职责无关或不紧急的任务，可以让我们集中精力处理更重要、更有价值的工作，从而提高工作效率和质量。

3．维护个人边界

学会拒绝可以帮助我们建立个人边界，避免过度承担他人的责任或压力，保护个人的权益和福祉。

4．促进自我成长

拒绝一些占用时间的，价值不大的任务或请求，可以给自己更多的时间去学习和成长，发展新的技能和能力。

职场上说“不”需要自我意识、沟通技巧、灵活性、勇气和自信的综合运用。通过学会拒绝，你可以更好地保护自己的时间和精力，维护个人边界，提高工作效率和质量，同时促进良好的人际关系和团队合作。那么，如何拒绝才能既不得罪人，又能保持自己的立场呢？下面是五个拒绝的诀窍。

诀窍一：委婉但坚定

在拒绝别人时，委婉但坚定的表达方式是非常重要的。我们可以使用一些表示委婉语气的语言，来减轻拒绝带来的冲击。例如，拒绝一项额外的工作任务时，可以说：“抱歉，我也很想帮你，但是我手头的工作已经安排得很满了，暂时无法承担额外的任务。”

诀窍二：提供合理的理由

如果能够提供合理的理由，人们更容易接受拒绝。例如，如果拒绝参加一次周末的加班，可以说：“我家里有重要的事，无法抽出时间加班，希望能够理解。”

诀窍三：提供替代方案

在拒绝的同时，提供一个替代方案是一个非常好的策略。这样做既显示了积极性，也能让对方觉得我们并不是在推卸责任。比如，如果无法帮助同事完成一个项目，可以建议对方找其他同事或者资源：“抱歉，我现在确实很忙，但我可以帮你找一些人来完成这个项目。”

诀窍四：保持真诚

无论用什么方式拒绝，都要保持真诚。虽然有时候拒绝可能会伤害到别人的感情，但是保持真诚和坦率，就可以让对方更容易接受我们的决定。不要编造借口或者撒谎，这样只会让局面变得更加尴尬。例如，如果你不愿意参加一个无聊的会议，可以说："抱歉，我觉得我对这个会议的贡献可能会很有限，我认为让其他更适合的人去参加会更好。"

诀窍五：维护自己的边界

最重要的一点是，学会拒绝是为了维护自己的边界和利益，不要因为害怕得罪别人或者担心别人会认为你不合群而勉强自己接受一些自己不愿意做的事情。保持自己的立场和价值观，对自己负责任是非常重要的。因为只有我们学会拒绝，才能够真正把注意力和精力集中在那些更重要的事情上。

以上就是五个拒绝的诀窍，希望能够帮助你在职场上更加从容地处理各种挑战和请求。记住，学会拒绝并不代表你不懂得合作和团队精神，而是为了让自己更加专注和高效地完成工作，实现个人和团队的共同目标。

6.4 保持忠诚：

言行一致的职场情商

在职场中，保持忠诚并言行一致是一种珍贵的品质。它不仅体现了个人的诚信和可信度，还能够建立良好的职场关系，提升团队的凝聚力和效率。忠诚并不仅仅是对公司或领导效忠，还是对自己价值观和承诺的忠实。

在职场上，忠诚意味着对团队和同事的支持和信任，以及对工作任务和目标的贯彻执行。言行一致是忠诚的外在表现，也是职场情商的体现。忠诚可以帮助我们建立起良好的信任关系，提升团队的合作效率，使工作更加顺利。当我们的言行一致时，我们既展现了真实的自我，又赢得了他人的信任。

言行一致在职场中非常重要，因为它是建立信任、提升领导力和塑造良好职业形象的关键。

1．领导者的言行一致性

言行一致是领导力的重要组成部分。一位言行一致的领导者能够树立榜样，激励团队成员跟随其步伐；而言行不一致的领导者可能会失去团队的信任和尊重，导致团队的分裂和效率的下降。因此，领导者需要时刻注意自己的言行举止，以确保与自己所倡导的价值观一致。

想象一下，一位领导者口头上强调团队合作和开放沟通，但在实际行动中却总是独断专行，不听取他人意见。言行不一致会导致团队失去信任和归属感，最终影响团队的凝聚力和工作效率。相反，一位言行一致的领导者会以身作则，始终保持一致的价值观和行为准则，赢得团队的尊重和信任，激励团队成员为共同目标而努力。

2．员工的信任和忠诚

在团队合作中，职场忠诚也扮演着重要角色。一个忠诚的团队成员会全力以赴地支持团队的目标和决策，而不是抱怨或妨碍工作的进展，从而建立起良好的工作氛围，提升团队的凝聚力和执行力。

想象一下，你的同事在会议上承诺按时完成某项任务，但在实际执行过程中总是拖延或敷衍了事。这种不一致的言行会让团队其他成员对他失去信任，从而影响整个团队的协作效率。相反，一位言行一致的员工会诚实地承诺并按时完成任务，树立良好的榜样，获得同事和领导的信任和尊重。

3．公司“忠诚”文化的建设

公司文化中的“忠诚”建设通常是指着重关注员工对公司的忠诚度和归属感。建立忠诚文化可以激励员工在工作中投入更多时间和精力，从而提高工作绩效和员工满意度。忠诚文化建设通常包括以下几个方面：建立积极的工作环境，提供员工发展机会和培训，激励员工参与公司决策，认可和奖励表现优秀的员工，以及建立良好的沟通机制等。这些措施有助于增强员工对公司的忠诚度，减少流失率，提升员工的工作积极性和团队凝聚力。

想象一下，一家公司如果口号是“以客户为中心”，但实际上员工在日常工作中却忽视客户的需求，这种言行不一致会导致公司形象受损，客户流失。相反，如果公司领导者和员工都能以客户为中心，真正将这一价值观融入工作中，那么公司就能建立起良好的企业形象，赢得客户的信任和支持。

与此同时，言行一致在个人职场中也是至关重要，它不仅体现了个人的职业素养和道德品质，也能够帮助我们建立良好的个人品牌，提升在职场中的声誉和影响力，并为个人职业发展打下坚实的基础。那职场中该如何通过言行一致赢得领导的信任和支持，提升个人的影响力和职业发展呢？

1. 展现诚实和透明

在职场中，保持诚实和透明是非常重要的。无论是对客户、同事还是领导，我们都应该严格遵守承诺，保证自己言出必行。只有坚持承诺，才能够建立起信任，并保持良好的职场形象。例如，如果答应在某个截止日期之前完成某项任务，那么无论如何都要确保按时完成，并且尽可能保证任务的质量。

坦诚地向领导沟通工作进展、问题和挑战。不要隐瞒困难，也不要夸大成绩。通过诚实沟通展现自己的责任感和真诚，赢得领导的信任。例如，如果在工作中遇到了困难或问题，应该及时向领导或团队报告，而不是掩盖实情导致问题的扩大。

2. 保持一致的工作态度和价值观

在工作中始终保持一致的工作态度和价值观，不论是面对同事还是领导，都展现出稳定和可靠的形象。例如，在处理工作事务时，我们应该尽量客观公正，不偏袒任何一方，不带有个人情绪和偏见。只有公平对待每一个人，才能够获得他人的尊重和信任。

3. 展现自信和决策能力

展现自信和决策力可以让领导对你有更多的信心。当我们在工作中遇到问题或需要做出决策时，要果断地采取行动，并在向上汇报时清晰地解释思路和逻辑，让领导感受到我们的能力和自信。

4. 主动沟通并提供解决方案

如果遇到问题导致任务延迟或无法完成，要及时向领导沟通，不仅要向领导反馈问题，还要积极提供解决方案。在遇到困难或挑战时，先自行思考可能的解决方案，然后与领导进行沟通，共同找出最佳解决方案。这样能够展现我们的主动性和解决问题的能力，赢得领导的认可和支持。

5. 展现责任感和承诺

在面对挑战和错误时，要勇于承担责任，并从中吸取经验教训。这不仅展示了我们的成熟心态和责任感，还能赢得他人的尊重和信任。例如，如果犯了错误，可以诚实地承认，并提出改进方案，以避免类似问题再次发生。

职场忠诚不仅仅是对公司或领导的效忠，更是自己内心价值观的体现。在面对一些伦理道德困境时，保持忠诚可能意味着要选择正确而非容易的道路。例如，当公司提出的要求违背道德底线时，我们是否能够勇敢地站出来维护正义和诚信？这就是忠诚与个人价值观之间的挑战。

在职场中，个人信誉是非常宝贵的。一个言行一致的个体往往会赢得他人的尊重和信任，从而获得更多的机会和资源。通过坚守内心的价值观，保持诚实、正直的言行，我们可以赢得他人的信任和尊重，成为职场中真正的领袖和榜样。

第七章

部门的向上管理秘籍

7.1 销售部门：

及时汇报，寻求合作

在现代企业中，销售部门是公司最重要的组成部分之一。销售团队的工作成果直接影响着企业的业绩和发展。为了在这个充满挑战的环境中取得成功，销售人员需要掌握有效的向上管理技巧，与领导保持良好的沟通，寻求合作与支持。

1. 及时汇报：信息共享，透明沟通

在销售部门，及时汇报是至关重要的。销售部门的员工应及时向领导汇报销售情况、客户反馈以及市场动态，能够让领导及时了解业务情况，做出正确的决策。但是，汇报并非只是报告数字和数据，更重要的是提供分析和解决方案。

• 清晰简洁

汇报内容要清晰简洁，避免繁琐的数据和无关紧要的信息，重点突出，

言之有物。

情景：销售经理小张需要向销售总监汇报上周的销售情况。

不清晰简洁的汇报："上周我们的销售情况有些波动，客户反馈也有好有坏，市场竞争也越来越激烈了。我想说的是，我们需要更努力一些，才能达到预期的销售目标。"

清晰简洁的汇报："上周的销售额略有下降，同比减少 5% ，我们需要开个会，讨论更有针对性的营销策略。在客户满意度方面，我们收到了几个积极的反馈，但也有一些客户提出了对产品质量的疑虑，已采取措施消除疑虑。"

- **诚实透明**

不要掩盖实际情况，诚实地向领导反映销售情况和问题，只有真实的情况才能帮助领导做出正确的决策。

情景：销售代表小顾遇到了一个客户投诉，需要向销售经理汇报情况。

不诚实透明的汇报："这个客户只是抱怨了一下，其实没什么大问题。我们的产品质量一直都很好，不用太在意这个投诉。"

诚实透明的汇报："今天有一个客户向我们投诉了产品质量的问题，他们表示在使用过程中遇到了一些质量方面的困扰。我已经记录了投诉内容，并承诺尽快解决问题。我认为我们应该对这个问题进行深入调查，并及时向客户提供解决方案，以维护我们的声誉。"

- **提供解决方案**

不仅要报告问题，还要提供解决方案。积极主动地思考并提出解决问题的办法，展现出我们的责任心和解决问题的能力。

情景：销售代表小李发现一个潜在客户对产品价格表达了担忧，需要向销售经理汇报并提出解决方案。

不提供解决方案的汇报："今天一个潜在客户询问了我们的产品价格，我给了他们报价单，但他们表示价格有些高，可能会考虑其他选择。"

提供解决方案的汇报："今天一个潜在客户对我们的产品价格感到不满，他们认为我们的价格相对竞争对手略高。我了解了他们的需求和预算，提出了一些定制方案，包括优惠折扣和灵活的付款方式。客户对这些方案表示了兴趣，并愿意进一步考虑与我们合作。"

通过清晰简洁地汇报情况、诚实透明地反映问题，并提供解决方案，销售人员能够更有效地向上管理，帮助领导做出正确的决策，并推动销售团队取得更好的业绩。

2．寻求合作：团队协作，共同成长

在销售部门，团队合作是取得成功的关键之一，而与其他部门和团队进行合作，能够拓展销售渠道，提高销售效率，实现共赢。因此，寻求合作是向上管理的重要策略之一。

- **建立联系**

主动与其他部门建立联系和合作关系，了解他们的工作内容和需求，寻找合作的机会。

在制造公司中，销售部门通常需要与生产部门进行紧密合作，以确保订单按时交付，并在生产过程中满足客户需求。销售经理小张意识到这一点，主动与生产部门的经理小李建立联系。他安排了一次会议，详细了解了生产部门的工作流程、生产能力和交付时间表。在这次会议上，他们还讨论了如何更好地协调销售订单和生产计划，以确

保客户需求得到及时满足。通过这种合作，销售部门可以更准确地向客户承诺交货时间，并避免因生产延误而导致客户投诉。

通过以上例子可以看出，在工作中积极与其他部门建立联系和合作关系，实现跨部门协作，分享资源，可以帮助我们解决问题，提高工作效率，并树立良好的团队形象。

• 跨部门协作

积极参与跨部门项目，与其他部门的同事共同合作解决问题，实现共同目标。

在一个跨国公司的市场部门，经理小陈负责策划一项新产品的推广活动。他意识到这项活动需要与销售部门和研发部门紧密合作，以确保活动的顺利实施和新产品的顺利推出。于是，小陈召集了一个跨部门的工作组，由销售、市场和研发部门的代表组成。在工作组的会议上，他们共同制订了活动计划，确定了各自的责任和时间表，并就可能出现的问题进行了讨论。通过这种跨部门协作，他们成功地推出了新产品，并在市场上取得了良好的反响。

• 分享资源

主动分享销售资源和信息，帮助其他部门解决问题，可以树立良好的团队形象。

在一家金融公司的客户服务部门，客户服务经理小杨收到了一个客户的投诉，称其信用卡账单存在错误。小杨意识到这个问题可能涉及财务部门的账单系统，于是立即联系了财务部门的同事，转交了客户的投诉信息和相关的账单记录。财务部门的同事对此表示感谢，并立即展开了调查。最终，他们发现了一个系统错误，并及时修改了客户的账单。客户对公司的服务表示满意，并感谢小杨及时解决了问题。

在销售部门，及时汇报和寻求合作是确保团队高效运作的关键。通过定期汇报销售情况和客户反馈，团队能够及时发现问题并采取相应措施；同时，卓越的向上管理能力，也能为我们的职业发展打下坚实的基础。

7.2 财务部门：

工作严谨，计划稳健

在企业中，财务部门被视为企业的财富守护者和智囊团。他们的工作不仅仅是处理账务，更是为企业的发展提供重要的支持和建议。在向上管理方面，财务部门的员工需要以工作严谨和计划稳健为基石，通过高效的工作表现和专业的管理技巧，赢得领导的信任和尊重。

1．工作严谨：细节决定成败

工作严谨是财务部门员工的基本素质，也是向上管理的重要手段之一。细节决定成败，任何一个疏忽都可能导致严重的后果。下面是几点帮助财务工作人员严谨工作的建议。

• 认真对待每一项任务

不论是简单的报销审批还是复杂的财务分析，都要一丝不苟地对待，确保每一项任务都得到充分的关注和审查，避免因为粗心大意而犯下低级错误。

案例：审批报销单。

行动：需要仔细核对每一张报销单的内容，确保金额、日期、支出事由等信息准确无误。

结果：避免因为粗心大意而进行不合规的报销，保证公司资金使用的合理性和合规性。

• 保持数据准确性和完整性

财务数据是企业管理的重要依据，任何错误或遗漏都可能导致错误的决策。因此，在处理财务数据时，务必保持准确性和完整性，及时进行核对和修正。

案例：财务报表编制。

行动：编制财务报表需要逐项核对账目，确保所有交易记录都被正确地录入系统，并与银行流水、发票等核实数据一致。

结果：保证了财务报表的准确性，为领导提供了可靠的财务数据支持，有助于他们做出明智的决策。

• 建立有效的审计和监控机制

建立有效的审计和监控机制可以发现潜在的问题和风险，并及时采取措施。财务部门员工应该积极参与并负责这些审计和监控工作，确保财务运作的合规性和稳定性。

案例：财务部门内部审计。

行动：定期进行财务部门内部审计，对公司各项财务活动进行全面的检查和审查，发现潜在的问题和风险。

结果：及时采取措施，避免财务违规行为造成风险，保障公司财务运作的合规性和稳定性。

2．计划稳健：为领导提供可靠的支持

除了工作严谨，计划稳健也是财务部门员工向上管理的重要策略之一。通过制订有效的财务计划和预算，为领导提供可靠的支持和建议，展现出自己的价值和能力。

- **深入了解企业业务和战略目标**

要制订有效的财务计划和预算，就要深入了解企业的业务模式和战略目标。只有了解了企业的实际情况和发展方向，才能制订出与之相适应的财务计划和预算。

案例：一家制造业公司要扩大国际市场份额，实现全球化战略目标。

行动：财务团队深入了解公司的产品线、生产能力、竞争对手、市场趋势等情况，并分析了国际市场的发展前景和潜在机会。

结果：根据了解的情况，财务团队能够为公司制订财务计划和预算，重点支持产品研发、市场推广和国际营销等方面，以实现全球化战略目标。

- **制定清晰的财务目标和指标**

在制订财务计划和预算时，应该明确具体的财务目标和指标，并制定相应的实施方案和措施。这样可以使财务工作更加有针对性和可操作性，为实现企业的战略目标提供有效支持。

案例：公司需要制定增加年销售额、提高利润率和降低生产成本等财务目标。

行动：财务团队明确了每个财务目标的具体数值目标，并制定了相应

的实施方案和措施，例如优化生产流程、控制成本、提高产品质量等。

结果：通过明确的财务目标和指标，财务团队能够更好地监控和评估公司的财务表现，及时调整和优化财务方案，以实现公司的战略目标。

- **审慎评估风险和机会**

在制订财务计划和预算时，要审慎评估各种风险和机会，包括市场风险、财务风险、经营风险等。只有全面考虑各种因素，才能制订出具有可靠性和实效性的财务计划和预算。

案例：公司面临国际市场竞争激烈、原材料价格波动等风险，但同时也有扩大市场份额、增加利润空间的机会。

行动：财务团队对各种风险和机会进行全面评估，制定相应的风险管理和应对策略，例如制定灵活的采购策略、加强市场调研等。

结果：通过审慎评估风险和机会，财务团队能够更好地把握市场动态，降低风险的同时抓住机会，为公司的发展提供保障。

- **及时调整和优化财务方案**

财务计划和预算是动态的，需要根据实际情况随时进行调整和优化。财务部门员工应该密切关注企业的运营状况和市场变化，及时调整和优化财务方案，为企业的发展提供持续的支持和保障。

案例：某公司原计划在某个国家开设新工厂，但该国政策变化导致投资风险增加。

行动：财务团队密切关注国际市场动态和政策变化，及时调整投资计划，例如寻找其他国家的投资机会或调整工厂建设方案。

结果：通过及时调整和优化方案，财务团队能够降低投资风险，保障公司的财务稳定和发展。

财务部门作为企业的财务枢纽，承担着监控和管理企业财务状况的重要责任。工作严谨和计划稳健是财务部门员工向上管理的重要策略，也是提升财务工作人员个人价值和影响力的关键途径。只有不断提高工作质量和专业水平，才能赢得领导的信任和尊重，为企业的发展和稳定做出更大的贡献。

7.3 人事部门：培养人才，凝聚团队

在职场中，人事部门扮演着招聘新人、辅助管理团队、培养优秀人才的关键任务。一位出色的人事部门员工，应该懂得如何通过培养人才和凝聚团队来实现对部门领导的向上管理。

1．培养人才

人才的培养是人事部门的重中之重。一个部门的成功与否，很大程度上取决于其中的员工素质和能力。因此，作为人事部门的一员，可以通过以下方式来培养人才。

• 针对员工，制订个性化培训计划

每个员工都有自己的优势和不足，一个成功的培训计划应该能够有针对性地解决员工的问题，提升其技能水平。比如，对于新入职的员工，可以安排基础培训和岗位培训，帮助他们快速适应工作环境；对于已有一定

工作经验的员工，可以安排专业技能培训或领导力培训，提升其职业素养和管理能力。

案例：对于一位新入职的销售人员小张，人事部门可以制订以下个性化培训计划。

基础培训：针对销售技巧和产品知识进行基础培训，包括如何与客户沟通、如何了解产品特点等内容。

岗位培训：针对其具体的销售岗位需求，安排一些实际操作的培训，比如如何使用销售系统，如何进行销售报告等。

导师指导：安排一位有经验的销售人员作为其导师，进行一对一的指导和交流，能帮助他更快地适应工作环境、提升销售技能。

- **提供学习资源和机会**

为员工提供学习资源和学习机会，是培养人才的重要手段之一。人事部门可以建立企业内部的学习平台，提供各种在线课程、专业书籍和学习资料，让员工随时随地都能进行学习和提升。同时，人事部门还可以鼓励员工参加外部的培训和学习活动，拓宽他们的视野和思路。

人事部门可以收集各部门的培训资料，建立一个在线学习平台，提供各种与岗位相关的课程和学习资料。比如，针对技术人员，可以提供一些技术领域的专业课程；针对管理人员，可以提供一些管理和领导力方面的课程。此外，人事部门还可以积极收集各个层级的外部培训信息和学习活动信息，比如行业研讨会、专业讲座等。

- **建立良好的导师制度**

导师制度是一种有效的人才培养方式，通过与有经验、有能力的员工进行一对一的指导和交流，可以帮助新员工更快地成长和进步。人事部门可以建立导师制度，将新员工与老员工进行匹配，让新员工在工作中得到及时的指导和帮助。

2．凝聚团队

团队的凝聚力是一个部门能否高效运转的关键。一个团结、和谐的团队，不仅能够提升工作效率，还能够激发员工的工作热情和创造力；一个积极向上、充满活力的工作氛围，能够激发员工的工作热情和创造力，提升团队的凝聚力。人事部门可以通过组织各种团建活动、文化活动等方式，营造出一个轻松愉快、互相支持的工作氛围，让员工在工作中感受到彼此的关怀和支持。

• **举办团队聚餐**：定期组织团队聚餐，让员工在轻松愉快的氛围中交流感情，增进彼此的了解。

• **开展团队拓展活动**：组织团队拓展活动，如户外拓展、团队建设训练等，通过团队合作和挑战，来增强团队凝聚力和合作意识。

• **定期举办庆祝活动**：在重要节日或公司里程碑事件到来时，举办庆祝活动，可以增强员工归属感和团队荣誉感。

良好的沟通是团队凝聚力的重要保障。人事部门可以建立起多种多样的沟通渠道，让员工随时随地都能进行沟通和交流，及时解决工作中的问题和困难，增强团队的凝聚力。

• **定期召开团队会议**：定期召开每周团队会议，讨论工作进展、项目计划和团队目标，让每个成员都能了解团队的整体情况和工作重点；每季度组织绩效评估会议，评估员工的工作表现，激励优秀员工，对于后进员工提出改进建议，促进团队的进步和成长。

• **设立员工建议箱**：建立在线员工建议箱，让员工随时提交意见、建议或问题，保障员工的参与度和反馈渠道，及时解决工作中的困难和矛盾。同时，在公司内设立实物建议箱，员工可以匿名投递建议或意见，保护员工的隐私和安全感，鼓励更多员工积极为公司建设献言献计。

• **建立内部社交平台**：建立内部论坛或社交平台，让员工分享工作心得、交流经验，讨论行业动态和公司政策，促进团队成员之间的交流和互动。利用即时通信工具如微信、企业微信等，建立团队内部的即时沟通平台，方便员工随时随地进行沟通和交流，及时解决工作中的问题和紧急情况。

另外，人事部门可以建立起有效的奖励和激励机制，激发员工的工作热情和创造力，提升团队的凝聚力。

• **提供奖金和晋升机会**：每月或每季度评选出表现优异的员工，给予一定金额的奖金或实物奖励，以激励员工的积极性和工作热情。建立完善的晋升机制，根据员工的工作表现和能力，提供晋升的机会和通道，激发员工的职业发展动力。

• **组织团队竞赛和激励活动**：针对销售团队，组织销售竞赛，设立销售目标和奖励机制，激发销售人员的竞争意识和团队合作精神。还可以定期举办创新创意大赛，鼓励员工提出创新点子和改进方案，对优秀员工给予奖励和认可，推动企业创新发展。

• **完善员工福利和待遇提升**：不断完善员工福利待遇，如提供健康保险、年度体检、员工旅游等福利，增加员工的归属感和忠诚度。提供专业的职业培训和发展机会，帮助员工提升技能和知识水平，增加个人发展空间和晋升机会。

作为人事部门的一员，要想实现向上管理，一定要注重培养人才和凝聚团队，让每个员工都能够发挥出最大的潜力，共同为公司的发展和壮大贡献力量。

7.4 业务部门：

洞察市场，提出建议

在现代商业竞争激烈的环境中，业务部门的角色至关重要。他们不仅需要负责产品或服务的销售，更需要不断地洞察市场动态，并提出具有前瞻性和实效性的建议。这不仅有助于企业抢占市场先机，还可以提升业务部门的影响力和核心地位。

1. 洞察市场：发现商机的智慧

在市场经济中，变化是永恒的主题。作为业务部门的一员，洞察市场动态是至关重要的技能。但是，这并不是一项简单的任务。要真正做到洞察市场，业务部门的员工需要具备以下几个关键能力。

• 市场研究技能

了解市场研究的基本方法和工具，能够分析市场数据、趋势和竞争对手的动态，从中发现商机和潜在风险。比如，设计并开展调查问卷，以了解目标市场的消费者偏好、购买行为和态度，发现潜在的市场需求和趋势，为企业发展提供指导意见；使用竞争情报工具和技术，对竞争对手的产品、定价、营销策略和市场份额等进行深入分析，比较和评估竞争对手的优势和劣势，可以快速识别出本公司的市场定位和竞争策略。

• 客户洞察能力

深入了解客户的需求、偏好和行为习惯，从客户的角度出发思考，找到满足客户需求的创新点和增值服务。比如，通过交流和调研，了解客户的需求、痛点和期望。例如，一家互联网公司可以通过用户反馈、焦点小组讨论或在线调查来了解用户对其产品的使用体验和意见。再如，基于收集到的客户数据，创建客户画像，包括他们的年龄、性别、地理位置、收入水平、购买习惯等信息，以更好地了解不同用户群体的特点和需求。

• 了解所在行业

对所在行业的发展趋势、政策法规和竞争格局有较深的了解，能够把握行业的脉搏，预判未来的发展方向。比如，定期阅读行业报告和研究文献，了解行业的发展趋势、市场规模、增长预测和关键驱动因素。例如，一位汽车行业的销售人员可以分析汽车行业的最新报告，了解电动汽车和自动驾驶技术的发展趋势，为客户提供详细的参考方案。再如，关注政府的政策法规变化和行业监管政策，了解其对自己所在行业的影响和潜在机遇或挑战。

• 创新思维

具备开拓创新的意识和能力，敢于挑战传统观念，提出具有前瞻性和创造性的市场洞察和建议。比如，组织创意工作坊和创新思维训练营，激发团队成员的创造力和想象力，通过头脑风暴和问题解决活动，培养他们解决问题的能力。再如，促进跨部门的合作和交流，通过与其他部门的成员共同合作解决问题，融合不同的思维和视角，产生创新的想法和解决方案。例如，组织一个跨部门的创新竞赛，邀请不同部门的成员组成团队，共同解决一个具有挑战性的业务问题。

2．提出建议：影响领导决策的艺术

洞察市场只是业务部门向上管理的第一步，更重要的是能够将洞察结果转化为有效的建议，影响领导层的决策和行动。但是，向领导提出建议绝对不应盲目，以下是提出建议的几个关键要点。

• 结合数据和见解

在提出建议时，要结合客观数据和个人见解，用数据说话，增加建议的可信度和说服力。首先，分析过去几个季度的销售数据，包括销售额、客户转化率、市场份额等指标。通过数据分析，可能发现某些产品线或地区的销售额下滑，或者发现某些销售渠道的效率较低，从而提出针对性的建议。然后，基于对市场和客户的理解，业务团队成员可以提出个人见解。例如，他们可能观察到某些竞争对手采取了新的营销策略，或者发现了新的市场趋势等。

• 明确问题和目标

提出意见之前，应分析市场情况，明确问题所在和解决的目标，提出具体可行的解决方案和改进措施。业务团队成员可以明确提出改进销售策略的目标，比如增加某个产品线的销售额 10% ，提高客户转化率至少 5%。这样的明确目标可以帮助领导层更好地理解建议的重要性，并评估建议的可行性和效果。同时，对提出的建议进行效益和风险的量化评估，说明实施后可能带来的收益和潜在的风险，为领导层决策提供参考依据。比如新产品同质化严重，市场份额缩减等。领导层可以对这些风险进行定量评估，并提出相应的风险缓解措施。

• 注意沟通技巧和策略

选择合适的沟通方式和时间，以及适当的语言，将建议清晰地传达给

领导层，并积极争取支持和认可。业务团队成员可以选择合适的沟通方式，比如组织一次专门的会议或者提交一份详细的报告。也可以根据领导层的偏好和时间安排，与领导面谈。面谈过程中，业务人员要使用清晰简洁的语言，提供充分的数据和案例来支持自己的论点，增加建议的可信度和说服力。

在竞争激烈的商业环境中，业务部门的向上管理不仅需要洞察市场，更需要提出具有前瞻性和实效性的建议，影响领导层的决策和行动。通过不断地洞察市场，提出创新性的建议，业务部门可以成为企业发展的推动力量，实现自身的价值和成就。

第八章

如何提升借势实力

8.1 小事做起：细节决定成败

在职场上，有一些人的工作无论从哪方面看都似乎无懈可击，他们也因此成绩斐然。其实，他们能够取得这样的成绩并非只依靠天赋或者运气，还建立在对细节的极致把控之上。

想象一下，你是一位企业的新员工。刚刚踏入职场的大门的你可能会被分配一些琐碎的任务，比如整理文件、回复邮件、安排会议等。这些工作可能会让你觉得自己无足轻重，甚至有些沮丧，但是，这些所谓的“小事”却可以决定你在职场上的成败。

成功并非奇迹，而是源自对每一个细节的关注和把控，就像建筑高楼需要坚实的地基一样，职场成功也需要细节上的精益求精。一个细心整理文件的人，在处理更复杂的工作时，也会更加得心应手；一个准时回复邮件的人，在团队合作中也会更加得到信任。

注重细节并不只是一种工作习惯，更是一种对待工作的态度。这种态度体现了员工对自己工作的责任感，同时也展示了对工作的专注程度。在职场上，人们往往更愿意信任那些细心、专注的同事，因为他们知道，这样的人在工作中不会马虎，不会出错。

在职场中，员工的形象和声誉是非常重要的，而细节就是员工塑造专业形象的重要组成部分。比如，简历中是否有拼写错误，邮件中是否有语法问题，着装是否得体，等等。这些看似微不足道的细节，其实直接影响着他人的印象和评价。在职场中，我们应该注意以下几点。

1．展现细节意识

在与上级沟通或提交工作成果时，应展现对细节的关注和把控，比如确保工作文件整洁、准确无误，避免拼写错误和格式混乱，让上级感受到我们的专业素养和工作态度。

想象一下，在与上级沟通前，你注意到一份重要文件中有几处拼写错误，并在提交给上级之前进行了修正。这个举动可以显示你对细节的关注和在工作中的细致认真。

2．提供高质量的工作成果

尽可能地确保工作成果的质量，这意味着不仅要完成任务，还要尽力做到精益求精。如果我们能够持续地提供高质量的工作成果，就会赢得上级的信任，从而得到更多锻炼机会。

想象一下，在完成一个项目时，你不仅确保任务按时交付，还额外投入时间和精力，对关键部分进行了深入的研究和分析，确保成果质量达到最佳水平。通过超预期的工作成果，你展现了自己的价值并赢得了上级的信任和认可。

3．及时有效的沟通

像准时回复邮件一样，及时、有效地与上级沟通是展现我们向上管理能力的重要表现之一。无论是汇报工作进展、提出问题还是寻求建议，都应该及时向上级沟通，并确保信息传递清晰、准确。

想象一下，在遇到工作难题时，你及时向上级汇报了情况，并提出了解决方案，不仅帮助上级了解了问题的实质，更展现了自己解决问题的能力和积极的工作态度，自然能够得到上级的认可。

4. 主动承担责任

展现对工作的责任感和主动性，不仅要完成分配的任务，还应该主动承担更多的责任。如果我们能够主动承担更多的责任并且表现出积极的态度，不仅可以获得更多、更好的锻炼机会，也可以进一步展现自己的能力，从而得到晋升的机会。

想象一下，在团队中遇到困难时，你主动提出领导团队解决问题，并积极协调团队合作，最终成功解决了问题，于是，你从团队中脱颖而出，成功晋升为团队负责人。

5. 寻求反馈和建议

向上级主动寻求反馈和建议，展现我们的学习态度和对个人成长的追求。如果我们能够虚心接受上级的建议，并将其转化为改进行动，会得到上级的青睐，并为成长为优秀的领导者打下基础。

想象一下，在完成一个重要项目后，你就自己的工作表现寻求上级建议和意见。这个举动不仅可以显示你的学习态度和对个人成长的追求，还可以展现了愿意不断学习和改进的态度，赢得上级的认可和支持。

注重细节意味着在工作中更加专注和细致，因此能够提高工作质量；注意细节也可以减少错误，确保工作成果的准确性和完整性。同时，高质量的工作成果往往会赢得同事和上级的认可，为个人的职业发展和团队的成功打下坚实基础。

注重细节的人往往给人留下专业、可信赖的形象。无论是在与同事合作还是向上级汇报工作成果时，都能让人对我们的工作能力和专业素养产生信任感，这不但有助于建立良好的职业声誉，还能为个人的职业发展提供有利条件。

彼得·加伯是《蝙蝠侠》《阿甘正传》等知名电影的制作人之一。他在著作《告诉我一个故事》中提到了一个关于细节的故事。

在他刚刚进入好莱坞的时候，在一个很小的制片公司工作，负责为公司的老板买报纸。虽然这看起来是一项无足轻重的任务，但是加伯每天都会确保报纸叠得整整齐齐，没有任何褶皱，因为他知道老板非常注重细节。几年后，加伯凭借着对细节的关注和努力，成为好莱坞的传奇制片人。

所以，无论工作内容是什么，都要牢记：细节决定成败。不要小看那些看似微不足道的工作，因为正是对这些细节的把控，可以让我们在工作中展现专业素养，赢得上级的信任和认可，从而脱颖而出，取得更大的成功。

8.2 自己负责：

勇于担当责任

在职场中，成功往往与责任紧密相连。勇于担当责任不仅是一种品质，更是一种态度，是通往事业成功的必经之路。它不仅展现了个人的成熟和稳重，更显示了对工作和团队的认同和责任感。面对工作上的各种挑战和压力，那些敢于承担责任的人往往能够更轻松地应对各种困难，赢得同事和上级的尊重和信任。那么，我们该如何勇于担当责任呢？

1．主动承担任务

在职场中，主动承担任务是展现个人责任心和领导能力的重要方式之一。面对各种任务和项目，敢于主动站出来并积极承担责任，不仅可以展现我们的积极进取和自信，也为个人成长和职业发展争取了宝贵的机会。

主动承担任务意味着对工作的积极主动态度。工作中，时常会有一些紧急而重要的项目，而有些人可能因为工作已经很忙，或者觉得任务超出了自己的职责范围而对其避之不及。这时候，敢于站出来主动承担任务的人就显得格外可贵。他们不仅展现了对工作的热情和责任感，还表现出主动为团队和组织贡献自己力量的意愿。

主动承担任务是展现个人领导能力和团队合作精神的表现。当我们主动站出来承担任务时，就不仅是一个执行者，更是一个领导者了。通过主动承担任务，我们展现了对团队目标的认同和责任感，希望带领团队一起应对挑战，共同追求成功。

某家跨国公司正在进行一项关键的国际市场调研项目，需要收集大量数据并进行深入分析，以制定市场营销策略。可是，就在这个关键时刻，公司经理意外生病，无法继续跟进这个项目。在团队中，年轻的市场营销专员小李看到了机会，毅然站出来向上级表示自己愿意承担起项目的领导责任。

一开始，领导还不太放心，觉得小李太年轻，没什么经验，但是小李在实际操作过程中展现出了极高的责任心和领导能力。他主动承担了管理者的职责，组织团队进行数据收集、分析和报告撰写工作，不但顶住压力主动加班加点，还充分发挥了自己的领导能力，有效地调动了团队的合作精神，最终取得了项目的成功。

小李的积极主动和承担责任的精神不仅赢得了团队成员的尊重和认可，也让他在公司内领导层心目中的形象大幅提升。在项目结束后不久，小李就得到了公司领导的赞扬和提拔，被任命为市场部新的副总监，开启了他在公司里更加辉煌的职业发展之路。通过主动承担任务，小李不仅展现了个人的领导能力和团队合作精神，也为自己的职业发展争取到了宝贵的机会。

2. 诚实面对错误

诚实面对错误在职场中被视为一种高尚的品质。无论是个人失误还是团队的错误，诚实承认并积极解决问题，都是职场人展现专业素养和负责任态度的关键。在现实生活中，许多人会因为害怕受到惩罚或担心损害自己的形象而试图掩盖错误，但实际上，这种行为往往会导致问题的进一步恶化，甚至丧失他人的信任和尊重。

相比之下，勇于正视错误、承担责任，并积极寻求解决方案的人更容易获得同事和领导的尊重和信任，也能够推动问题的及时解决和团队的持续发展。

诚实面对错误体现了个人的责任心和成熟度。无论在工作还是生活中，每个人都可能犯错，这是人之常情。但是，面对错误的方式，却展现了一个人的品格和素质。一个勇于正视错误、不推诿责任的人，对工作和团队都一定是认真、负责的；与此相反，试图掩盖错误或推卸责任的行为则会破坏个人形象，降低他人的信任度，甚至可能引发更严重的后果。

诚实面对错误是个人成长和团队进步的重要一环。通过诚实面对错误，个人能够及时发现并纠正问题，避免将错误拖入死角，从而减少损失并提高工作效率。同时，诚实面对错误也能够促进团队的学习和成长。在团队中，从领导到成员，每个人都可能会犯错，但只有勇于承认错误并从中吸取教训的团队才能不断进步，不断优化工作流程，提升整体绩效。

小魏是一家跨国公司的市场部门的新员工。部门负责一项重要的市场调研项目，在项目推进的过程中，小魏由于疏忽大意，错过了一个关键的数据分析期限，导致整个项目出现了严重的延误。面对如此严重的错误，小魏又害怕又煎熬：是应该秘密掩盖错误，到问题不被发现，还是坦诚承认错误并赶紧寻求解决方案？

在良心和诚信的要求下，小魏毅然选择了诚实面对错误。他硬着头皮向领导和团队成员坦言自己的疏忽，并提出了解决问题的方案。尽管他感到内心十分焦虑和不安，但他知道只有正视错误、承担责任，才能为问题的解决和团队的进步打下基础。

小魏的真诚和勇气赢得了领导和团队成员的尊重与理解。大家纷纷表示愿意共同合作解决问题，共同承担责任。在众人的鼓励和支持下，小魏与团队一起加班加点，终于在最后期限前完成了项目，并取得了成功。

通过诚实面对错误，小魏不仅展现了个人的责任心，还与团队一起克服困难，取得了共同的成功。这个案例生动展示了在职场中勇于正视错误、承担责任的重要性，为个人成长和团队进步带来的积极的影响。

3．尽职尽责

在工作中尽职尽责不仅是每个员工必须遵循的基本原则，更是一种态度和精神，体现了个人对工作和团队的忠诚和责任感。这个原则强调的是对工作任务的认真负责，以及对团队整体利益的关注和积极贡献。下面，让我们深入探讨一下尽职尽责的重要性以及如何在工作中实践。

尽职尽责是确保工作质量和效率的关键。在工作中，只有全力以赴地完成每一个工作任务，才能确保任务的高质量和及时完成；只有时刻保持专注和努力，认真对待每一个细节，不断追求卓越，才能确保工作的成功和团队的顺利运转。

尽职尽责是维护团队凝聚力和合作精神的重要保障。在团队中，每个成员都扮演着不同的角色，但唯有共同努力、相互配合，才能实现团队的共同目标。一个尽职尽责的员工不仅会完成自己的任务，还会积极支持和协助其他成员，共同解决困难，分享成功，这样不仅可以实现员工个人价值的最大化，同时也能为团队的成功做出贡献。

在一个医疗器械公司的质量管理部门发生了一起关乎产品质量和公司名誉的重要事件——一批即将交付的产品检测出质量问题，需要及时处理并找出根源，以确保产品质量和客户满意度。在这个紧要关头，一个年轻的技术质量工程师——小张，成了关键人物。

在这个紧要关头，小张毫不犹豫地站了出来。他自愿承担起检验该批次所有产品，以找出质量问题的源头的责任，并迅速采取行动。小张的决定引起了同事们的关注和尊重，他们纷纷表示愿意共同合作解决问题，共同承担责任。

时间紧迫，小张展现出了惊人的尽职尽责精神和勇气。他全力投入工作，晚上干脆住在了实验室里。同时，团队成员也紧密合作，最终查明了问题根源，并对流程和制度进行了全面审查和改进。尽管面临着巨大的压力和挑战，但小张始终带领大家坚定地走在解决问题的道路上。最终，在他的努力下，公司成功完成了订单交付，并赢得了客户的信任和认可。小张的行动不仅保住了公司的良好的形象，还为所有员工树立了榜样，深刻展示了尽职尽责精神在工作中的重要性，以及其对个人和团队的积极影响。

在职场中，勇于担当责任是成为优秀领导者的必备素质之一。通过主动承担任务、诚实面对错误和尽职尽责，我们能够不断提升自己的实力，赢得他人的尊重和信任，还能被领导认可。实现个人职业发展的同时，也能为团队和组织的成功贡献力量。让我们勇敢地担当起责任，迎接职场挑战，成就更加辉煌的未来！

8.3 提高效率：

时间管理大师

时间，是我们每个人最宝贵的“不可再生资源”，在竞争激烈的现代社会，高效利用时间成为每个职场人士都需要掌握的关键技能。在职场中，我们可以通过合理管理时间，提高工作效率向上级展示自己的价值和能力，赢得上级的信任和认可的同时，有机会也成为团队的中流砥柱。

无论是国内还是国外，领导都更愿意将资源和支持分配给那些表现出高效率和优秀执行能力的员工。可见，通过提高效率，我们有机会获得更多的资源和支持，从而更好地完成工作任务，而高效率的工作表现又能进一步为我们赢得更多的职业发展机会。

与此同时，提高效率有助于帮我们建立良好的工作关系。通过高质高效地完成任务，我们可以赢得上级的尊重和好感，从而建立起良好的合作关系，为未来的工作合作和沟通打下基础。另外，高效率工作还可以减少工作压力和焦虑，提高我们的工作满意度。当我们能够在规定时间内完成任务，并保持高质量的工作成果时，会感到更加满足和自信，从而更有动力投入到工作中。

既然提高效率这么重要，那我们应该如何成为一名合格的“时间管理大师”呢？

1、精确规划：制定优先任务清单

想要高效管理时间，首先需要做的是精确规划。制定一份优先任务清单，列出当日需要完成的任务，并按照重要性和紧急程度排序。这样一来，我们就可以清晰地知道今天最需要关注和完成的事项是什么，避免在琐碎的事务中浪费时间。

在一家大型公司里，有一位名叫李文的资深项目经理，他一直被同事们认为是时间管理的典范。虽然他每天都要面对繁重的工作任务和复杂的项目，但他总是能够从容自若，高效地完成工作。

清晨，李文坐在办公桌前，打开他的笔记本电脑，开始制定当天的优先任务清单。他详细列出了参与的项目会议、重要的决策事项和需要处理的紧急问题，然后按照重要性和紧急程度将它们排序。

在上午的重要项目会议上，李文按照任务清单，提前两小时准了解会议议题，并逐一研究各项数据，确保心中有数。会议进行时，他对每个问题的回答都井井有条，得到了同事和领导们的高度认可和赞赏。

下午，李文接到了一个紧急的项目报告要求，需要在很短的时间内完成。尽管遇到了突发情况，但他还是淡定地重新评估了任务优先级，做出调整，集中精力完成报告，确保质量和准时提交。

工作结束时，李文看着自己完成的任务清单，心中暗暗欣慰。他意识到，通过精确规划、设定明确目标、制定详细计划和灵活调整，他成功地管理了自己的时间，高效完成了一天的工作。

李文的成功案例向我们展示了一个高效的时间管理者是如何通过优先任务清单和计划安排处理工作中的挑战，取得优异业绩的。我们也可以利用任务清单，努力成为更好的时间管理大师，提升工作效率和成就。

2、高效执行：采用时间管理工具

除了制定任务清单外，高效执行任务同样至关重要。为了更好地管理时间，我们可以利用一些有效的时间管理工具，如番茄工作法、GTD（Getting Things Done）方法等。

• 番茄工作法

番茄工作法的核心思想是将工作时间划分为固定的时间段，通常为25分钟的工作时间（称为一个“番茄时间”）和5分钟的休息时间，这个周期被称为一个“番茄工作周期”。

具体操作步骤如下。

（1）选择一个任务。

（2）设置定时器，开始一个25分钟的番茄时间，专注于完成这个任务。

（3）当25分钟结束时，停止工作，休息5分钟。

（4）完成两个番茄工作周期后，休息长一些，通常是15～30分钟。

（5）重复以上步骤，直到任务完成或工作日结束。

• GTD方法（Getting Things Done）

GTD方法将任务管理分为5个步骤：收集、处理、组织、回顾和执行。

通过这五个步骤，个人可以清晰地了解自己的任务，通过逐步处理任务，提高工作效率。

具体操作步骤如下。

（1）收集：收集所有的任务和想法，无论大小，放入一个收集工具中，如便笺、手机应用或笔记本。

（2）处理：逐个处理收集到的任务，决定下一步的行动，是立即执行、推迟处理、分解成更小的任务，还是委派给他人或者彻底删除。

（3）组织：将处理后的任务归档和组织，根据不同的项目、上下文或优先级进行分类，确保每个任务都能在适当的时间被找到和处理。

（4）回顾：定期回顾已收集、处理和组织的任务清单，确保任务的及时完成，并根据需要对任务进行调整和更新。

（5）执行：按照清晰的任务列表和计划执行工作，确保每个任务都在合适的时间内完成。

这两种方法都是有效的工作效率提升工具，适用于不同的工作习惯和偏好。选择适合自己的方法，并结合个人的工作需求和习惯进行调整和应用，可以更好地提高工作效率。

余红是一位项目经理，经常需要处理大量的项目任务和团队沟通。为了提高自己的工作效率，她采用了 GTD 方法来提高自己的效率。每天早晨，她会先花费一些时间收集任务，将所有需要完成的任务都记录在一个清单上；然后，她会逐个处理任务，判断它们的优先级并合理分配时间；接下来，她会组织任务，将它们按照项目和时间分类整理；最后，她会定期回顾自己的工作情况，总结经验教训，并不断调整和改进自己的时间管理策略。

3、避开“时间杀手”：有效应对时间浪费

在职场中，有很多会导致时间浪费的因素，如会议、社交媒体、无效沟通等。为了提高工作效率，需要学会避开这些“时间杀手”，将时间投入到真正有价值的事情上。

小玲是一家互联网公司的项目经理，她工作日程总是很满，让她感觉压力巨大，喘不过气来。为了提高工作效率，小玲利用一些时间记录APP了解了自己的时间分配情况，然后采取了一系列措施来有效管理时间，尽量避开“时间杀手”。

“时间杀手”一：无效的会议

小玲发现公司内部的会议频繁且常常没有明确的议程和目标，导致时间浪费。为了解决这个问题，小玲开始在每次会议前制定明确的议程，设定清晰的目标，并严格控制会议时间。她鼓励团队成员提前准备，确保会议高效进行。此外，小玲开始在部门中推广使用在线协作工具，将会议内容和讨论点记录下来，便于跟进和执行。

“时间杀手”二：社交媒体和网络

小玲意识到自己经常被社交媒体和网络浏览分心，影响工作效率。因此，她制定了一个工作规则：在工作时间内关闭社交媒体通知，设定特定的时间段查看和回复邮件。她还使用了网站拦截器应用，帮助自己保持专注于工作任务，避免浪费时间在无意义的浏览上。

“时间杀手”三：无效的沟通

小玲对团队的沟通效率感到有所不满，因为沟通了半天，还是经常出现误解和信息不清晰的情况。她开始采取措施：在沟通之前明确目的和内容，使用简洁的语言表达意思，听完对方的想法再说

话。小玲还鼓励团队使用电子邮件、即时通讯等工具，减少不必要的面对面沟通，提高效率。

通过这些措施，小玲成功地避开了“时间杀手”，有效应对了时间浪费的情况，使得工作效率和团队协作得到显著提升。她的案例告诉我们，通过合理规划和管理时间，以及应对“时间杀手”，可以提高工作效率，更好地完成工作任务。

在职场上，提高效率至关重要，因为它直接关系到个人和组织的成就和竞争力。提高效率不仅可以提高工作产出、提升工作质量、增强竞争力、提高个人价值，还能帮助我们平衡工作与生活。

8.4 随机应变：保持敏锐头脑

在职场中，变化是永恒不变的规律。无论我们处于何种职位，都可能会遇到各种突发情况和意外挑战，因此，面对变化时保持镇定、迅速做出反应，成为每个职场人士必备的技能之一。

1. 保持冷静：面对挑战不慌张

职场的变化往往伴随着挑战和压力，在这样的情况下，保持冷静是最重要的。冷静的头脑能够帮助我们更好地分析问题、制定解决方案，并且在紧急情况下更有效地采取行动。不要被情绪左右，而是专注于问题本身，寻找解决方案。

一个项目经理，在一个重要的项目中负责管理团队并确保项目按时交付。突然间，他接到了一个关键团队成员因家庭紧急情况而需要请假的通知，这给项目进度带来了一定的挑战。他通过深呼吸等方式，让自己冷静下来，思考合理的应对方法。

首先，不要惊慌，冷静地分析当前的情况。明确哪些任务因员工请假而受到影响，以及会造成怎样的影响。接下来，思考如何应对这个突发情况。他可以考虑重新分配任务给其他团队成员，或者调整项目进度，以等待关键员工回来。

经过一番思考，项目经理做出了决定。他与团队成员和上级领导进行了及时的沟通，说明了情况并共同商讨解决方案。领导认为他们可以寻求其他部门或团队的支持，提前完成项目中的其他内容，等待请假的成员回来，再一起赶进度。

可见，在关键问题前保持冷静并及时寻求帮助，是职场人战胜挑战的法宝。

2. 积极应对：乐观态度驱散困难

面对变化和挑战时，积极的态度是战胜困难的关键。将困难视为挑战而不是障碍，相信自己有能力克服困难，积极乐观的态度能够激发团队的合作精神，带来更多的支持和帮助，最终取得成功。

一个销售团队的团队领导，在销售季度结束前，发现由于客户需求产生了变化，导致销售情况不如预期。他并没有责怪团队成员，而是积极思考应对的方法。

根据多年的经验，他认为应该将挑战视为机会，而不是威胁，同时，他也相信自己带领了多年的这个团队有能力克服困难。作为团队领导，他身先士卒，与团队一起了解客户需求，制定全新的销售策略和计划，同时鼓励团队成员相互支持、协作配合，共同努力实现销售目标。他还调配了几位员工专门负责在销售过程中收集市场和客户反馈，以及时调整销售策略，并不断改进和优化方案。最终，在他的大力支持和鼓励下，团队一起奋斗，不但达成了销售目标，还开发了几位新客户。

由此可见，面对挑战和困难，保持积极态度是很重要的，积极乐观才能唤起人的力量，才能让人鼓起勇气面对挑战。

3．灵活变通：快速调整计划

灵活变通是一种重要的职业能力，能够让我们迅速适应变化，并做出相应的调整。随着信息时代的发展，各行各业都产生了翻天覆地的变化，企业要想在汹涌的市场竞争的浪潮中存活下来，就不能固守旧有的观念和计划，而要随时准备接受新的挑战。作为企业员工的我们，自然也要跟上企业的步伐，及时调整工作计划和职业规划。

李经理是一家时装公司的市场营销总监，负责制定公司的品牌推广策略和市场活动计划。就在李经理积极准备秋季新品的发布会时，他们的竞争对手突然宣布推出一系列时尚秋季新品，在市场上引发了轰动和关注。这意味着李经理和他的团队需要迅速调整原有的市场计划，以保持公司的业绩和市场份额。

面对这一挑战，李经理展现出了出色的灵活变通能力。他召集团队开了一个突发会议，分析竞争对手新品的特点和市场反应，快速制定了调整方案。在会议上，李经理鼓励团队成员积极表达意见，吸收各方建议，确保团队力量最大化。

接下来，李经理果断调整了原有的宣传策略，将重点放在突出品牌差异化和凸显产品特点的广告上。他与设计团队合作，迅速调整了秋季系列的展示方案，加大了产品特色的展示程度。此外，李经理积极与零售商合作，制定了促销活动，吸引消费者关注。他还着重加强了公司的线上推广和社交媒体互动，提升了品牌知名度和用户参与度。

由于李经理及时灵活地调整了市场计划，公司成功应对了竞争对手的挑战，新设计的秋装也赢得了更多消费者的青睐和喜爱。李经理的灵活变通能力让他成为团队的领袖，同时也赢得了公司高层的信任和赞誉。

这个案例告诉我们，当面对变化时，灵活变通是非常关键的，只有及时调整以适应变化，敢于迎接挑战，我们才能在激烈的市场竞争中脱颖而出，取得成功。

4. 学会学习：从变化中成长

每一次变化都是一次学习的机会。在面对变化时，不仅要解决眼前的问题，还要总结反思，从中吸取经验教训，不断完善自己的能力和技能，从变化中获得成长。

蒋经理是一家健身中心的经理，负责运营管理。健身中心原本生意红火，可是突然间，一场流感席卷而来，许多人选择待在家里，不再频繁外出和去健身中心。面对这一突发状况，蒋经理迅速意识到客户需求的变化，决定设计和推出网上健身教程，并开设健身直播课程，以满足人们在家锻炼的需求。

蒋经理立即展开行动，与健身教练团队紧密合作，制订了网上健身教程的内容和计划。他们录制了专业的健身视频教程，包括力量训练、有氧运动和瑜伽等不同项目，以满足不同客户的健身需求。同时，蒋经理安排教练们开设健身直播课程，通过网络平台实时传递健身指导，与客户互动交流。蒋经理还带领健身教练深入各个小区和周边学校，宣传体育锻炼对提高免疫力的重要性。

随着网上健身教程和直播课程的推出，健身中心成功应对了流感带来的挑战，赢得了客户的支持和赞誉。蒋经理的灵活决策和团队合作精神使得健身中心在困难时刻保证了业务的持续发展。

在职场中遇到问题并不可怕，关键是保持冷静、积极应对、灵活变通，并从中学习成长。只有不断地提升自己的应变能力，提高头脑的灵活性，才能在职场竞争中立于不败之地，实现个人的成功和成长。

第九章

人际关系的打理

9.1 构建信任：

真诚是“必杀技”

在职场这个大舞台上，谁都想要登上成功的顶峰。然而，要想实现这个目标，除了个人的能力和努力，还需要建立起与他人之间的信任关系。而在信任这座桥梁上，真诚可谓最强利器，是一把能够劈开沟通障碍的利剑，是一根将我们与他人连接起来的纽带。

对于刚加入团队的新人来说，尤其如此。面对着一群素未谋面的同事，新人要想迅速融入团队，与同事建立起信任关系，真诚就显得尤为重要了。通过展现出真诚的态度，坦诚地与同事交流，分享自己的想法和经验，新人就能够拉近与他人的距离，具体做法如下。

1. 展现出色的工作表现

• **高效完成任务**：努力保质保量地完成分配的任务，确保按时交付，并且尽可能提前完成。

• **展现专业素养**：在工作中展现出专业的态度和技能，显示自己对待工作的认真程度和专业能力。

2. 主动承担责任

• **积极参与**：主动寻找机会参与新项目或任务，展现出对工作的积极态度和责任心。

• **勇于承担**：面临挑战或困难时，勇于承担责任，并积极寻求解决方案，展现出克服困难的决断力。

3. 诚实和透明

• **诚实沟通**：与领导保持诚实和透明的沟通，不隐瞒问题或困难，及时反馈工作进展和可能的风险。

• **承认错误**：如果犯了错误，及时承认并且采取行动进行纠正，诚实和负责任的态度是职场生存所必需的。

4. 尊重和支持领导

• **尊重领导权威**：尊重领导的决定和指导，遵守公司规章制度，展现出对领导的尊重和对团队制度的服从性。

• **支持领导**：积极支持领导的工作和决策，展现出对领导的信任。

5. 建立良好的人际关系

• **与同事合作**：与同事建立良好的合作关系，展现出团队合作精神。

• **与同事沟通**：与同事们保持良好的沟通，与领导建立积极的工作关系，展现出开放和合作的态度，为融入团队打下基础。

6. 持续学习和成长

• **不断进取**：主动追求学习和成长，不断提升自己的专业技能和知识水平。

• **接受反馈**：积极接受领导和同事们的反馈和指导，不断改进和提高自己的工作表现。

在一家软件公司里，有一位名叫小叶的新人软件工程师。小叶刚刚加入团队，心怀憧憬的同时，也有些紧张。这天，他在办公室调试代码时，偶然发现了系统中的一个潜在的漏洞，但由于缺乏经验，他不确定该如何解决，只好环顾四周，希望能够找人帮忙。这时，团队里的资深工程师李明走过来，询问道："小叶，有什么问题吗？怎么左顾右盼的？"小叶心里一阵慌乱，虽然不想让同事知道自己经验不足，但犹豫片刻还是坦诚回答："是的，我遇到了一个漏洞，我不太确定如何处理。"

李明略微皱起眉头，但很快展现出了微笑，他耐心地解释道："没关系，我们一起来看看。"李明坐在小叶身边，指导如何定位和解决漏洞，同时也鼓励小叶勇敢尝试自己解决问题。小叶真诚地向李明表达了感谢，然后努力聚精会神地学习，不断调试代码。

随着时间的推移，小叶逐渐熟悉了团队的工作流程和技术要求，他开始在项目中贡献自己的力量，与同事们建立起了良好的合作关系。但是，在一次团队会议上，意想不到的矛盾还是爆发了。会议上，小叶提出了一项新的方案，希望团队能够尝试一下，没想到遭到了另一位工程师张涵的直接反对。

张涵是一个自信而有些强势的工程师，对自己的想法和操作方法十分执着。团队现在使用的这套系统就是张涵亲自设计制作的，因此对于新人小叶的提议，张涵分毫不让："你这种方法行不通，大家还是按照我的方式来吧。"这让小叶感到有些沮丧和挫败，但他没有退缩，而是选择沉静下来。

后来，在一次项目进行中的技术讨论中，小叶和张涵再次产生意见分歧。这次，小叶毫不畏惧地表达了自己的想法，并努力说服张涵。他们展开了激烈的辩论，双方的声音都有些激动。然而，随着更多实际操作，他们逐渐理解了彼此的观点和意图，也感受到了对方的真诚和努力。

后来，在一次深夜加班完成功能调试的时候，小叶和张涵经过长时间的合作，终于解决了技术难题。在共同面对挑战和困难的过程中，他们不仅彼此尊重，还建立起了信任和友谊。张涵从心底喜欢这个真诚坦率的小伙子，而小叶也感激张涵的指导和支持。

最终，团队成功完成了项目，小叶和张涵的合作被证明是成功的。他们之间的矛盾和冲突在真诚的沟通和合作中得到了化解，彼此间的氛围也更加成熟和融洽。小叶学会了勇敢表达自己的想法，张涵也学会了倾听和尊重团队成员的意见，这个团队因为他们共同的努力而更加团结和进步。

通过使用以上方法，就算是职场新人也完全可以逐步构建团队对自己的信任，为自己在职场的发展打下坚实的基础。

9.2 处理冲突：

冷静是强心针

在职场中，处理冲突也是一项需要掌握的关键技能，无论是与同事、下属还是上级发生冲突，都需要以冷静的态度来解决问题。就像在驾驶汽车途中遇到交通堵塞一样，我们可以选择暴躁地按喇叭，也可以选择冷静地等待并寻找其他道路。在冲突中，冷静就像是一剂强心针，能够让我们保持理智和自我控制，从而更好地解决问题，建立更加良好的工作关系。

我们要理解冲突是不可避免的。在一个组织中，不同个体拥有不同的背景、观点和目标，因此冲突是自然而然的产物，而且它们可以以多种形式出现。

- **与同事的意见不合**：这种情况可能源自工作方法、项目优先级、资源分配等方面的分歧；有时候，个人偏好或者团队文化差异也可能导致意见不合。解决这种冲突的关键在于建立有效的沟通渠道，倾听对方的观点，并寻求共同的解决方案。

• **与上司的分歧**：上司和下属之间的分歧可能涉及工作目标、执行计划、绩效评估等方面。在这种情况下，下属可能会感到压力和挫折，但是有效的沟通和解释是化解分歧的关键。此外，学会接受和适应上级的指导也是很重要的。

• **与客户的矛盾**：在商业环境中，客户可能会对产品质量、服务水平、价格等方面提出不满或投诉。在这种情况下，保持冷静并提供积极的解决方案至关重要。与客户建立良好的沟通和关系，解决问题，并提供超出期望的服务，可以帮助维护客户关系和品牌声誉。

虽然冲突无法避免，但冲突并不一定是坏事，它也可以是推动变革和创新的动力。因此，当冲突发生时，不要惊慌失措，而是要冷静地分析冲突的根源，并寻找解决问题的方法。

这里所说的冷静并不是漠视问题或者回避矛盾，而是一种清醒的思考和理智的行动。当我们保持冷静时，就能够更好地控制情绪，更加客观地看待问题，从而做出明智的决策。通过有效的沟通、尊重和合作，职场冲突可以被转化为促进团队发展和个人成长的机会。

其实，遇到冲突时，要保持冷静其实并不容易，尤其是在情绪激动的时刻。但是有一些简单的应对策略，可以帮助我们在冲突中保持冷静，并找到解决问题的最佳途径。

1. 深呼吸

情绪激动时，停下来，闭上眼睛，深吸一口气，然后慢慢呼气。这样简单的动作可以让我们的身心得到短暂的放松，帮助我们重新聚焦思维。

2. 放慢节奏

不要急于做出回应。给自己一点时间来冷静思考，分析问题，并准备一个合适的回应。即使是在紧急情况下，也要保持冷静，告诉自己心慌则乱，不要被压力左右。

3．倾听对方

在冲突中，不要只关注自己的立场，也要倾听对方的观点和感受，尝试换位思考，理解对方的立场和诉求，这样可以更好地找到双方都可以接受的解决方案。

4．保持尊重

就算发生了冲突，也要尊重对方，对事不对人。不要在愤怒或恼怒的情绪下做出攻击性的言行，而是要以礼貌和尊重的态度来处理冲突。记住，尊重是建立良好关系的基石。在处理冲突时，要保持专业形象。无论你多么愤怒或者不满，都不要在公开场合展示出来，以免影响你的形象。要学会控制情绪，以冷静、理性的态度来应对冲突，展现出你作为一个专业人士的素质和能力。

5．寻求帮助

有时候，冲突可能无法在双方之间解决，这时候可以考虑寻求第三方的帮助。第三方可以是上级、人力资源部门或者公司的中立调解人，他们可以帮助冲突双方找到公正的解决方案，并促进双方的沟通和合作。

在一家国际知名企业的创新小组里，有两位成员，分别是王浩和刘萱。王浩是技术领域的专家，自信且有主见，而刘萱则擅长项目规划和组织协调，善于在团队中建立联系。他们经常因为在项目细节上有不同看法而产生一些矛盾。

一次关于下一步产品功能开发的会议上，王浩和刘萱的意见再次出现了分歧。王浩认为应该更注重技术实现的细节，而刘萱则认为用户体验和需求调研同样重要。两人在会议室里展开激烈的讨论，情绪开始升温。

王浩皱起眉头，抬高了声音说道："如果产品技术不够强大，再好的用户体验和市场推广也只是空谈！"刘萱则冷静地回应："技术固然重要，但如果用户体验不佳，整个产品都会难以打动用户，这对项目的成功同样至关重要。"

两人的对立达到了顶点，王浩开始感受到内心的愤怒和挫败，他急切地想要为自己的观点辩护。与此同时，刘萱心里燃起一团火焰，坚定地捍卫自己的看法，不允许自己的努力付诸东流。

就在会议即将失控时，两人的直属上司站了起来，挥了挥手示意停止争吵，他沉静地说："我知道你们二位都是一门心思扑在工作上的，彼此意见有分歧是很常见的，但你们的目的是战胜对方，还是希望团队把项目做好呢？"一句话如醍醐灌顶，王浩突然坐下来，闭上了双眼，深深吸了口气，试图冷静下来。刘萱看到王浩这个举动，也慢慢坐下，开始冷静思考起来。他们都明白，再这样下去只会导致团队分裂，他们需要一种平衡的解决方案。

终于，在经过一番深入的对话和交流后，王浩和刘萱找到了一个既考虑了技术质量又注重用户体验和市场推广的完美平衡点。他们共同决定尝试这个新的方案，以合作的方式带领团队向前迈进。

通过这次激烈的冲突和最终的解决，王浩和刘萱不仅化解了分歧，也加深了对彼此的了解和信任。他们意识到，坦诚地探讨分歧并寻找共识是团队取得成功的关键。

处理冲突是一项学习与成长的过程。每一次冲突都是一次宝贵的经验，通过不断反思和总结，可以让我们以更加成熟和智慧的方式处理类似的情况。

总之，冷静是处理职场冲突的强心针。无论何时何地，都要保持冷静的态度，以理性和成熟的方式来解决问题，这不仅能够帮助我们化解矛盾，还能够促进团队的合作和共同进步。

9.3 礼貌待人：

友善是润滑油

在职场中，成功往往不只是技能和能力的体现，也在于人际关系的处理和沟通交流。而礼貌待人，则是构建良好人际关系的基石，是构建信任和尊重的第一步，更是在竞争激烈的职场中立足的利器。

我们都清楚，在职场中，个人形象和口碑是非常重要的。而礼貌待人可以帮助你提升个人形象和口碑。一个礼貌待人的人往往会给人留下良好的印象，被大家认为是一个值得信赖、合作愉快的伙伴；而一个不礼貌的人，则很容易给人留下消极的印象，影响个人发展。

前面章节我们也提到过，在职场中冲突和矛盾是难以避免的，而礼貌待人可以帮助我们缓解冲突和化解矛盾，可以更好地理解他人的立场和想法，从而找到解决问题的最佳方案。如果因为发生冲突就无礼地对待他人，会激化矛盾，导致问题的进一步恶化。

同时，礼貌待人还可以帮助我们提升团队的凝聚力和工作效率。通过友好的沟通和合作，我们可以与团队成员建立良好的关系，共同努力实现团队的目标。

在一家名为阳光公益基金会的慈善机构里，有一位叫王悦的年轻员工，她热爱公益事业，充满正能量，深受同事们的喜爱。王悦在工作中总是以礼貌待人、关怀他人，受到了基金会领导的高度赞扬。

有一天，阳光基金会举办了一场募捐晚宴，邀请了许多慈善家和爱心人士参与。在晚宴进行到一半时，突然发生了一场小的意外——餐厅员工不慎打翻了一位重要捐助者的红酒，场面一度十分尴尬。

捐助者面露不悦，开始责备服务员，气氛变得紧张起来。王悦见状，迅速走上前去，微笑着对捐助者说道："非常抱歉，这位服务人员可能受到现场气氛感染，有些激动，请您别怪他，这是我们的失误，我会立即安排人员来清理并为您提供新的饮品的。"她的声音温柔而坚定，让捐助者感受到了她的诚意。

在王悦的带领下，其他员工及时将场地恢复了整洁，晚宴恢复了和谐的气氛，捐助者也重新投入到活动中。大家纷纷感慨于王悦的专业和亲和力，她展现出的礼貌待人、善解人意的态度让人深为欣赏。

在职场，礼貌待人不仅是一种修养，更是一种战略。无论是和同事打交道，还是与上级互动，友善待人都能成为人际关系的润滑油。那我们该如何做到礼貌待人呢？

1. 微笑，是最好的武器

微笑是一种神奇的力量，能够化解尴尬，缓解紧张，营造轻松愉快的工作氛围。无论是和同事交流，还是向上管理，都不要吝啬微笑。哪怕是在遇到困难时，微笑也能给我们带来勇气和信心，让我们更加从容地面对挑战。

2. 谦和，让我们更受欢迎

在职场中，谦和是一种宝贵的品质。不要以为自己是老板就可以高高在上，也不要因为自己是下属就觉得自卑无助。无论身份地位如何，都要保持谦逊的态度，虚心听取他人意见，不断学习进步。谦和不仅能够赢得同事的尊重和信任，还能够为我们打开人际关系的大门，让我们在职场中游刃有余。

3. 耐心，胜过急躁

在职场中，耐心是一种重要的品质。无论是处理工作上的问题，还是与同事沟通交流，都需要有耐心。不要因为一时的焦虑或急躁而做出冲动的决定，也不要因为一时的不满或烦躁而对同事大声呵斥。耐心是一种智慧，能够让我们在职场中保持清醒头脑，冷静应对各种挑战，最终取得成功。

4. 感恩，是最好的回报

在职场中，感恩是一种美德。无论是上级的帮助，还是同事的支持，都应该心存感激，及时表达谢意。在职场中，人际关系是一种相互依存的关系，只有懂得感恩，才能获得更多的支持和帮助。记得在适当的时候给同事、领导或客户送上一份小礼物，写上一张感谢卡片，让对方感受到我们的诚意和真诚，从而加深友谊和合作。

黄昏时分，医院长廊静谧而安详，李医生在办公室整理病历，突然听到轻快的敲门声。一位护士走了进来，将一面锦旗和一封感谢信交给李医生，不可思议地说："天啊，这位王女士可是我们科室出了名的难对付的患者，我们没人没被她骂过，上次她还把张主任骂了个狗血淋头！今天居然给您送了锦旗，李医生，您是怎么搞定她的呀？"听到护士的话，大家都围拢了过来，等着李医生解开谜底。

那天，一名护士扶着这位娇小而神情痛苦的女病人走到了李医生的诊室，女病人的眼神凌厉，仿佛要将所有愤怒尽数倾泻到面前这位医生身上。

"你们这些医生就是一群无能的庸医！"女病人直截了当地开口，语气中充满了怀疑和不满。李医生深呼吸，保持礼貌，用柔和的语气回应道："请您坐下来，我们来好好聊一聊。"

女病人不停地抱怨着疼痛，质疑医生的治疗方案，语言刺耳而尖刻。李医生没有反驳半句，等她发泄完之后，才礼貌地说："我看了您的所有检查报告，您的身体并没有什么问题。但是疼痛并非只来自身体，也可能源自内心。我想冒昧地问一下，您是不是近来过得不太顺利？"这一句话让女病人愣住了，她没想到看起来冷冰冰的医生，也会关心自己，她的态度开始缓和。说了几句之后，女病人开始抽泣，痛苦的泪水滑落在双颊。李医生细心地倾听，给她足够的空间倾诉，感受她的痛苦和挣扎。在交流的过程中，女病人逐渐开始敞开心扉，向医生倾诉自己的困境和不安。

倾诉的过程十分漫长，但李医生一直保持礼貌和温和的态度，最终女病人同意先去看看心理医生。

故事说完了，李医生打开那封感谢信，上面写着："谢谢您的关怀和耐心，是您让我重新找回了生活的勇气和方向。”看完，李医生心潮澎湃，他知道，他不仅救治了病痛，更赢得了一个患者的信任和感激。

虽然我们都明白礼貌待人对于职场人的重要性，但是并非所有人都能够做到礼貌待人，那我们应该如何应对呢？

- **同事的挑剔和批评**

应对策略：主动与同事沟通，询问他们对你的工作有何建议或意见，并表达你愿意改进的态度。如果他们的言辞依然不友善，你可以礼貌地回应并保持冷静，同时向上级或人事部门报告情况。

- **上级的苛刻和挑剔**

应对策略：尽量保持冷静和专业，接受上级的反馈，并尝试从中吸取经验教训。如果上级的态度和言辞已经影响到你的工作和情绪，可以考虑通过一对一的沟通或寻求人事部门的支持来解决问题。

- **客户或合作伙伴的不礼貌行为**

应对策略：尽量保持冷静和礼貌，专注于解决问题和达成共识，如果对方的不礼貌行为严重影响到了双方的合作，应该及时向上级反馈，争取支持或制定应对方案。

当然，我们遇到的实际情况可能会更多样化，我们始终要记住，我们的目的是解决问题，而不是争吵或攻击对方。因此我们要保持冷静、礼貌，并寻求合适的解决方案，以维护自己的权益。记住，处理不友善行为的关键是保持冷静、专业和自信，必要时注意寻求外部支持和帮助。

总的来看，职场中礼貌待人不仅是一种修养，更是一种智慧。无论职位如何，都要善待他人，用真诚和友善去打动人心，从而赢得更多的支持和信任。

9.4 建立网络：人脉是强后盾

在职场中，人际关系的重要性是不言而喻的。就算是某个领域专家，如果没有一个牢固的人脉网，那么他的事业发展也很可能会受到限制。因此，建立一个强大的人脉网络，不仅可以为我们提供支持和资源，还可以为我们的职业生涯开辟新的道路。

1. 寻找“超级联系人”：别只关注老板

在职场建立人脉时，很多人都会将目光局限在自己的直接上级或公司高管身上。然而，这样做，可能会导致我们错过一些隐藏在幕后的“超级联系人”，这些人可能是同事介绍的朋友，或是偶然在行业活动中结识的人，他们可能职位不高，却拥有丰富的资源和信息，对我们的职业发展有着意想不到的帮助。因此，不要局限于与直接相关的人建立联系，要扩大人脉圈，寻找那些可能成为强大后盾的“超级联系人”。

假设你是一名市场营销专家，工作中你可能会与各种各样的人打交道，包括直接上级、同事以及其他部门的人。然而，在一个行业活动上，你偶然结识了一位来自另一家公司的市场营销人员，他在行业内拥有广泛的人脉和丰富的经验。

你和这位营销人员进行了一次深入的交谈，分享了彼此的工作经验和行业见解。在接下来的几个月里，你与他保持着联系，并不时向他请教一些市场营销策略或行业趋势。渐渐地，你发现他不仅专业知识和资源丰富，还可以为你介绍一些行业内的重要人士，甚至能推荐你参加一些重要的行业活动。通过与这位“超级联系人”的交往，你不仅获得了宝贵的行业信息和资源，还建立了与行业内其他重要人士的联系。

2. 积极社交活动：酒会可能比会议更重要

在职场建立人脉，社交活动是一个不可或缺的环节。与同事一起参加公司的聚餐、酒会或团队建设活动，不仅可以增进与同事之间的了解和信任，还可以扩展新的人脉。在这些活动中，我们要学会主动介绍自己，并积极参与到谈话中去。记住，酒会上的一个轻松的笑话，往往比在会议上的一个精彩的发言更容易拉近与他人的距离。因此，不要错过任何一个社交机会，它们可能成为我们建立人脉的重要途径。

假设你是一名新加入公司的销售经理，公司定期举办各种各样的社交活动，包括周年庆典、团队建设活动和定期的酒会等。一开始，你可能觉得这些活动只是浪费时间，但后来，你逐渐发现，它们可能成为你建立人脉的关键机会。

在一次公司的年度庆典酒会上，你积极参与了各种活动，并主动与其他部门的同事交流。你发现一位来自市场部门的同事似乎对你所在的销售团队很感兴趣，于是你主动与他交谈，分享了一些销售策略和经验。这次交流让你们建立了良好的联系，并在之后的工作中互相支持和合作。在另一次团队建设活动中，你和同事们一起参加了一场户外拓展训练。在这个过程中，你不仅展现了团队合作的能力，还结识了来自其他部门的同事。其中一位同事是公司的高级经理，他在活动中因为你的表现而留下了深刻印象，并在之后的工作中给予了你一些重要的机会和支持。

通过积极参与各种社交活动，我们不仅与同事之间建立了更紧密的联系，还可以结识一些行业内的重要人士。这些人脉关系为我们在职场上的发展打下了坚实的基础，使我们能够更加轻松地应对各种挑战和机遇。因此，不要错过任何一个社交机会，它们都可能成为我们职业生涯中的重要转折点。

3．互惠互利：建立双向关系

建立人脉并不是单向的事情，我们不能一味索取，而应该学会给予。在与他人建立联系时，要想办法找到双方共同的利益点，并在此基础上建立起互惠互利的关系。比如，我们可以提供自己的专业知识或人脉资源帮助他人解决问题，同时也可以向他人寻求帮助或建议。只有建立了这种双向关系，我们才能在人脉网络中获得持续的支持和帮助。

假设你是一名市场营销专家，而你的同事是一位技术专家，你们之间可以建立一种互惠互利的关系，互相提供专业知识和技术支持。在某次项目中，你需要制定一项市场营销策略，但你对项目相关的技术并不是很了解。于是你找到了你的同事，请求他的帮助。你向他解释了项目的背景和目标，然后请他就如何将技术与市场营销相结合提供一些建议。

你的同事很乐意帮助你，并提供了一些建设性的意见和建议。他解释了一些最新的技术趋势，并提出了一些与市场营销策略相关的技术解决方案。在他的帮助下，你成功地制定了一项创新的市场营销策略，为项目的成功做出了贡献。

4. 持续维护：不要让人脉生锈

建立人脉容易，但要维护人脉却需要一定的技巧和耐心。要时刻记得定期与圈子里的人保持联系，不要等到需要帮助时才想起他们。另外，要及时分享成就和进展，让他们了解我们的职业发展，并与他们分享资源和信息，争取成为朋友圈中的“超级联系人”。只有持续地维护人脉关系，我们才能确保在关键时刻有强大的后盾支持。

假设你在一家大型企业工作，而你曾经与一位同事在一个项目中合作过。尽管项目已经结束，但你们之间建立了良好的工作关系。为了持续维护这段人脉关系，每隔一段时间，你都会给这位同事发送一封简短的电子邮件，询问他们近期的工作和生活如何，表达对他的关心和问候；还不时地邀请这位同事喝咖啡或一起午餐，进行面对面的交流。当你得知有关行业或市场的重要信息，也总是及时与这位同事分享。于是，在你成为某个新项目的负责人时，这位同事不但全力以赴地支持你，还介绍了一位业内专家为你提供帮助。

建立一个强大的人脉网络并不是一蹴而就的事情，它需要时间、耐心和努力。但是，一旦建立起来，我们就会发现在职场中的道路变得更加畅通无阻。记住，人脉是我们职业生涯中最强大的后盾。

第十章

向上的学习

10.1 寻求指导：学习“老人”的智慧

有一句话叫“不听老人言，吃亏在眼前”，我们想要在职场中得到成长，不仅需要具备扎实的专业技能和领导能力，还需要学会向那些经验丰富的“老人”学习。“老人”的“老”不在于年龄，而在于经验和认知，他们可能是我们的上级、资深同事，或者是行业内的专家，他们积累了丰富的经验和智慧，在职业发展的道路上可以给予我们宝贵的指导和建议。在本节中，我们将探讨如何学习职场“老人”的智慧，为自己的职业发展增添动力和方向。

第一步，了解职场“老人”的价值

我们需要认识到“老人”在职场中的价值。这些“老人”通常已经在行业中工作了很多年，积累了丰富的经验和知识，对行业内的规则以及人际关系有着深刻的理解。他们可以帮助我们避免一些常见的错误，指导我们更快地适应职场环境，提升工作效率。他们的经验和见解可以帮助我们更好地理解行业动态，把握职业发展的机遇，为职业道路指明方向。

第二步，主动与“老人”建立联系

要学习职场“老人”的智慧，可以通过参加行业内的活动、加入专业组织，或者是在工作中表现出对他们的尊重和欣赏来建立联系。当我们展现出诚挚的学习态度和对他们经验的认可时，他们往往会乐意与你分享他们的经验和见解。

此外，要保持开放的心态，愿意倾听和接受来自“老人”的建议和指导。尊重他们的意见和观点，不断地从他们那里学习和成长，这样可以建立起更加良好和持久的关系。

在一家大型广告公司，小关是一位新人设计师，对于广告设计行业充满热情与好奇。然而，他发现自己在创意方面还有很多不足，渴望能够借助前辈们的经验和智慧来提升自己的设计水平。

某天，公司举办了一场行业内的设计师交流活动，小关迫不及待地报名参加。活动现场聚集了许多资深设计师，他们身着独特的服装，展现出不同的设计风格和个性。小关敬仰地目视着这些“老前辈”，期待着能够从他们身上学到更多实战经验和设计技巧。

在活动休息时间，小关主动和一位资深设计师搭话，表达了对他的作品的欣赏并诚恳地称呼对方为“张老师”。张老师爽朗地笑了起来，开始和小关分享自己多年设计的心得和见解，毫不保留地谈论设计路上遇到的挑战和突破，让小关受益匪浅。

在接下来的工作中，小关始终保持着开放的心态，每当遇到困难和瓶颈时，他都会主动寻求并虚心接受张老师和其他资深设计师们的建议和指导。通过不断学习，小关的设计水平得到了显著提升，他也与资深设计师们建立了深厚的情谊。

最终，小关在公司的设计团队中崭露头角，成为备受瞩目的新星。他用心学习职场“老人”的智慧，通过展现出诚挚的学习态度和对他们的尊重与欣赏，不仅实现了个人的职业发展，也拓展了人际关系，让他成为团队中备受信赖的一员。

第三步，提出有针对性的问题

在职场中，我们常常会遇到各种各样的问题或困惑，而“老人”们通常拥有丰富的经验和见解，能够为我们提供宝贵的建议和指导。因此，当与他们交流时，应该事先思考好自己想要询问的问题，并确保这些问题是具体、有针对性的，这样一来可以节约他们的时间，二来可让他们能够更加准确地理解我们的需求，给出实用的建议和解决方案。

小芳是一名年轻有为的市场营销专员，她面临一个关于市场调研的难题。在一次公司聚会上，她结识了资深市场专家罗先生，他被大家亲切地称为“罗智者”，因为他在市场领域有着丰富的经验和独到的见解。

一天，小芳鼓起勇气前去找“罗智者”寻求建议。她坐在罗先生的办公室里，用柔和的声音开口道：“罗先生，我最近在做市场调研的工作，遇到了一些困惑，希望能得到您的指导。”

罗先生微笑着点了点头，小芳具体、简练地向他描述了自己在市场调研中碰到的困难和疑惑，希望罗先生能够给予一些建设性的建议。

“小芳，市场调研是一项非常重要的工作，它直接影响到公司的决策和发展方向。”罗先生语重心长地说道，“在进行调研时，要确保你设计的问题具体、有针对性，这样才能获得准确和有用的数据。同时，要灵活运用各种调研方法和工具，与客户进行深入的沟通和交流，了解他们的需求和想法……”

小芳认真听取着罗先生的建议，心中豁然开朗。她感激地道谢道：“谢谢您的建议，罗先生，我会牢记在心，努力做好市场调研工作。”

在罗先生的指导下，小芳逐渐掌握了市场调研的要领，成功解决了遇到的困难。这段与“罗智者”的交流不仅让小芳受益匪浅，也建立了他们之间珍贵的“师生”关系。

第四步，倾听并吸收经验

与“老人”交流时，不要自负自己已经了解了所有的答案，而是应该虚心接受他们的建议和批评。“老人”们凭借着多年的经验积累，对职场中的挑战和机遇有着独特的见解和理解。他们的建议和批评可以帮助指出我们可能存在的盲点和错误，从而及时调整和改进自己的工作方式和态度。

在一家知名互联网公司里，有一位自信阳光、才气横溢的年轻项目经理——刘子航。他在工作中表现出色，总是自信满满。某一天，公司邀请了一位资深的战略顾问李教授来为团队进行指导和辅导。李教授在业内有着卓越的声誉和丰富的经验，他专门针对刘子航的项目提出了一些建设性的建议，希望能够帮助刘子航更好地推进项目进展。

刘子航听完李教授的建议，皱着眉头，心中暗自嗤笑：“这些‘老人’们的思维是不是太陈旧了，和我这个时代的年轻人想法完全不同。”他对李教授的建议置之不理，执意按照自己的想法继续推进项目。

然而，随着项目的进行，刘子航却发现自己陷入了一些意想不到的困境，遇到了许多问题和瓶颈。在无法自拔的困境中，他愈发焦虑和不安，开始反思自己的决策和做法，不得不拿起手机，拨通了李教授的电话……

通过这段痛苦的经历，刘子航明白了职场“老人”的经验和指导的重要性，领悟到虚心接受建议和批评的重要性。他开始谦卑地向李教授请教，学习借鉴他丰富的经验和智慧，从而更加成熟和职业化地处理工作中的种种挑战和困难。这段反面案例成为他职业生涯中的一次珍贵的成长经历，也警示着他职场中谦卑学习的必要性。

第五步，将经验应用于实践

学习职场“老人”的智慧并不仅限于理论上的探讨，更重要的是将这些经验应用于实践中。在工作中，我们要不断地尝试并实践那些从“老人”那里学到的技巧和方法，不断地总结经验并改进自己的工作方式。只有通过实践，才能真正地将所学应用于实际工作中，提升自己的职业能力。

第六步，成为“老人”的“学徒”

最后，要将学习职场“老人”的智慧视为一种长期的学习过程，不要把与“老人”的交流仅仅当作一次性的事情，而是要建立起持续的学习和成长的机制。可以将其中一些“老人”视为自己的导师，与他们建立起长期的师徒关系，在职业发展的道路上得到持续的指导和支持。

建立长期的师徒关系意味着我们需要投入时间和精力去与“老人”建立信任和互动，包括定期的面谈、项目合作、一起参加行业活动等。通过这些交流，我们可以更深入地了解他们的思维方式、工作方法和职业观念，从而更好地借鉴他们的经验和智慧。同时，也要明确表达对他们的尊重和欣赏，让他们感受到重视和信任。这样，他们就会更愿意分享他们的经验和知识，并在我们的职业发展中提供持续的指导和支持。

通过学习职场“老人”的智慧，我们可以在职业发展的道路上更加游刃有余，避免一些常见的错误和陷阱，提升自己的工作效率和职业能力。因此，在职场中，不仅要注重提升自己的专业技能和领导能力，还要学会向经验丰富的“老人”虚心学习，为自己的职业发展增添动力和方向。

10.2 为我所用：

“下属”也有春天

在职场中，向上管理并不仅仅是与上级沟通、获得指导，还包括与下属合作、激励团队，以及充分发挥每个团队成员的潜力。尽管我们常常听到关于“上司”的管理技巧和智慧，但是很少有人提及如何与下属合作，并从他们身上学到东西。然而，与下属保持良好的合作关系同样是向上管理中不可或缺的一环；而且，探索“下属”的潜力和价值，并与他们合作共赢，创造更加美好的工作环境和业绩也很重要。那我们具体该怎么做呢？

1. 下属也是资源

在传统的职场观念中，下属往往被视为执行者，而上级则是决策者和领导者。然而，这种观念往往让我们忽视了下属的潜力和价值，导致资源浪费和团队低效。事实上，下属不仅仅是执行者，也是团队的重要资源，他们也拥有丰富的经验、独特的见解和创造力。因此，向上管理者应该善于发掘下属的潜力，充分利用他们的优势，实现团队的共赢和成就。

一个团队里有一位年轻的新员工，他拥有丰富的创新思维，刚接手项目就提出了一个改进现有产品的创意。如果上级仅仅将他视为执行任务的工具，就可能会浪费他的创造力和潜力；如果上级能够发现他的优势，并给予适当的支持和指导，他就有可能运用新颖的想法，为团队带来新的机会和发展。

2. 建立信任和合作

要实现与下属的良好合作，首先需要建立起信任和合作的基础。信任是团队合作的基石，而建立信任的关键在于坦诚、公正和真诚。向上管理者应该与下属建立起平等、开放的沟通机制，充分听取他们的意见和建议，让他们感受到自己的价值和重要性。同时，也要给予下属足够的支持和鼓励，激发他们的工作热情和创造力，共同实现团队的目标和愿景。

在一个软件开发团队中，团队领导意识到一位成员具有很强的编程技能和创造力。为了建立信任和合作的基础，鼓励他进一步发挥潜力，团队领导采取了以下措施。

团队领导经常与该员工进行一对一的谈话，听取他的想法和建议，并且尊重他的意见。这种平等的沟通方式让他明显感受到自己在团队中的重要性和价值。

团队领导给予该员工足够的支持和鼓励，当他面临困难或挑战时，团队领导会给予他必要的支持和指导，帮助他克服困难。同时，团队领导也会及时给予他肯定和鼓励，激发他的工作热情和创造力。

通过这些措施，团队领导成功地建立起了与该员工的信任和合作关系。员工感受到团队领导的信任和支持，因此更加努力地投入到工作中，为团队的发展和成功做出了重要贡献。

可见，领导与下属的这种信任和合作的关系不仅促进了团队的凝聚力和执行力，还为团队的目标和愿景提供了坚实的基础。

3．激励和奖励

激励和奖励是管理下属的重要手段，可以激发他们的工作动力和创造力，提高团队的凝聚力和执行力。向上管理者应该根据下属的表现和贡献，给予适当的激励和奖励，让他们感受到自己的价值和重要性，从而更加努力地投入工作，为团队的发展贡献自己的力量。

4．培养和成长

向上管理者的责任不仅是完成任务，还包括培养和成长下属，帮助他们提升职业技能和发展潜力。通过定期的培训和指导，向下属传授自己的经验和知识，可以帮助他们不断学习和成长，从而更好地适应职场的挑战和变化。同时，也要给予下属足够的机会和空间，让他们发挥自己的创造力和想象力，共同探索和创造新的可能性，为团队的发展和壮大贡献力量。

在向上管理的过程中，与下属的良好合作关系是至关重要的。通过善于发掘下属的潜力、建立信任和合作、激励和奖励，以及培养和成长下属，领导者可以实现与下属的共赢，创造更加美好的工作环境和骄人的业绩。

因此，不要忽视下属的价值和贡献，与他们携手合作，共同实现团队的目标和愿景。在这个过程中，领导者将会发现，“下属”也有春天，他们也会成为向上管理的重要资源和支持者。

10.3 与时俱进：

跟上时代的浪潮

在当今飞速发展的社会中，技术、经济和文化的变革迅猛而深刻。如果我们想要在职场中持续成长并保持竞争力，就必须学会与时俱进，跟上时代的浪潮，才能成为与时代同步前进的职场达人。

1. 持续学习，永远保持“学生”心态

在如今快节奏的职场环境中，持续学习是与时代同行的首要条件。不论是刚入职的新人还是资深员工，都应当保持“学生”的心态，积极主动地获取新知识、掌握新技能，并将其应用于工作实践中。职场中的学习可以通过多种途径实现。

- **参加专业培训和研讨会**

专业培训和研讨会是获取最新行业知识的重要途径。定期关注相关机构或公司举办的培训活动，参加与自己岗位相关的课程，不仅可以更新知

识，还可以结识同行业的专家和从业者，进行交流和分享经验。

• 阅读行业书籍和报告

通过阅读行业书籍和报告，我们可以了解最新的趋势和发展动态。我们应关注行业相关的出版物，选择对自己感兴趣或对工作发展有帮助的书籍进行阅读。此外，也可以关注一些知名咨询机构发布的行业报告，以获取行业内部信息。

• 利用在线学习资源

互联网时代为我们提供了丰富的在线学习资源。通过在线学习平台，我们可以选择适合自己的课程，根据自己的时间安排自主学习。这些在线学习资源包括各类公开课、MOOC（大规模开放在线课程）、教育网站等。

2. 关注科技趋势，掌握数字化工具

科技的快速发展正在改变职场的方方面面。作为职场人，我们需要关注科技趋势，及时了解并掌握与工作相关的数字化工具。以下是一些常见的数字化工具，我们可以根据自己的工作需求选择适合的工具。

• 日常办公软件

Microsoft Office 套件（Word、Excel、PowerPoint 等）以及 Google 文档、表格和幻灯片等。熟练掌握这些工具，可以提高工作效率，轻松完成日常的文档处理、数据分析和演示工作。

• 项目管理工具

Trello、Asana、Jira 等项目管理工具，可以帮助我们有效地组织和管理团队的工作。利用这些工具，我们可以清晰地了解项目的进展情况、分配任务和跟踪工作进度，提高团队的整体效率。

• 在线会议平台

例如 Zoom、Microsoft Teams、钉钉等在线会议平台，可以帮助你与

远程团队进行高效的沟通和协作。通过视频会议、屏幕共享等功能，我们可以与团队成员随时交流、讨论问题，并实时解决工作中的难题。

• 远程协作工具

Slack、企业微信、Microsoft SharePoint 等远程协作工具，可以帮助我们与团队成员随时随地进行即时沟通、文件共享、协同编辑等工作，更加便捷地与团队合作，实现远程办公。

3. 关注行业趋势，扩展职业视野

职场人关注行业趋势并扩展职业视野是至关重要的，这不仅有助于提高竞争力、把握机遇、拓展人脉和提升专业技能，更重要的是能够增加职业视野，让个人在职业生涯中更清晰地把握机遇、应对挑战，从而实现更加全面和持续的职业发展。以下是一些方法和途径，能帮助我们更好地了解行业的动态。

• 阅读行业报告和分析

行业报告、市场分析和预测通常由专业机构或咨询公司发布，定期阅读，关注行业的发展趋势和未来的变革方向，可以得到宝贵的行业信息和参考意见。

• 参加行业会议和展览

定期参加行业会议和展览，与同行业的专家和从业者进行交流和互动，是一个了解行业最新动态、拓展人脉关系的重要途径。通过与行业内的领军人物交流，我们可以深入了解行业的挑战和机遇。

• 加入行业社群和专业协会

加入行业社群和专业协会，我们可以与同行业的从业者建立联系，分享经验和资源，学习他们的成功经验和思维方式。

4. 探索创新，持续发展

在职场中，探索创新并持续发展至关重要，只有不断探索新的想法和方法，不断推动个人和组织的创新，才能应对日新月异的市场挑战和竞争压力，获得更广阔的发展空间和更好的职业机会。通过持续的创新和发展，我们也可以提高个人的创造力和适应能力，更好地适应未来工作环境的变化，实现个人价值和职业目标，赢得职场成功和长久发展。以下是一些方法和建议，能帮助我们实现个人的职业发展。

- **提升自我管理能力**

良好的自我管理能力可以帮助我们更好地应对职场挑战，实现个人目标。例如，合理规划时间、制定明确的目标和计划、保持积极的心态等，都是提升自我管理能力的方法。

- **勇于接受新的挑战**

勇于接受新的挑战是个人成长的关键，我们应尽量主动承担更多的责任和项目，通过不断解决问题，不断学习和成长，来提升自己的综合素质，展示自己的能力和潜力。

- **寻找导师和榜样**

寻找导师和榜样可以帮助我们获得指导和启发，加速个人的成长。找到在职场中有经验和成功的人士，与他们建立联系，学习他们的思维方式和行为模式。同时，也要关注行业和领域的先驱者，从他们的创新实践中汲取灵感。

- **不断反思和调整**

与时俱进需要不断反思和调整自己的思维和行动，及时评估自己的工作表现，找到自己的优点和不足，有针对性地进行改进。要时刻保持谦虚和进取的心态，不断超越自我，追求卓越。

时代的浪潮呼啸而过，与时俱进是我们在职场中脱颖而出的关键。持续学习、关注科技趋势、扩展职业视野和探索创新，都是帮助我们跟上时代浪潮的有效方法。记住，只有不断学习和进步，我们才能在职场中不断成长，成为向上管理的佼佼者，在职业道路上获得持续的成功。

10.4 互相成就：

“管理”是全方位活动

在现在的职场中，管理已经超越了简单的指挥与控制，演变成一种相互成就、相互促进的全方位活动。向上管理在其中扮演着至关重要的角色，它不仅仅是向上级汇报工作进展或寻求支持，更是一种与领导沟通、合作和共同成长的机制。通过有效的向上管理，我们能够实现与领导的良好沟通合作，推动团队的学习与发展，最终实现个人和组织的共同成功。

向上管理的核心理念之一是互相成就。这意味着我们不仅要关注自己的成长和发展，还要积极帮助他人实现他们的目标，助力团队实现团队的目标。通过与领导和团队成员之间的积极互动，我们能够建立良好的合作关系，共同努力实现团队和企业的目标。

1. 建立互信的基础：互相尊重和理解

要实现互相成就，首先需要建立互信的基础，只有建立了互相尊重和理解的关系，才能够更好地合作，共同成就。与领导和团队成员建立良好的关系，需要彼此互相尊重和理解。我们应该尊重他人的观点和决策，理解他们的处境和困难。

当团队成员在工作中遇到问题时，我们应该耐心倾听，并询问他们的观点和看法。即使他们的想法与我们不同，也要尊重他们的意见，合理沟通，让双方都能够理解对方的立场和困难。

在一家设计工作室里，有一位名叫张雨欣的年轻设计师，她正在为一项重要展示项目设计展台布局。然而，她在展示效果图的制作过程中遇到了一些困难，无法完美呈现自己的创意。

当天下午，公司的创意总监刘咏宁在经过她的工位时，发现了张雨欣正在唉声叹气。刘咏宁走过去，温和地说道："雨欣，你看起来有点儿困扰，有什么问题吗？"

张雨欣有些犹豫，但还是将遇到的困难向刘咏宁详细描述了。刘咏宁耐心地倾听，并提出一些建议并分享了一些自己的经验："你对自己想要呈现出的最终状态明确吗？如果非常明确，我们可以用一些物料进行初步制作，一边做，一边选择合适的呈现方式。"在他们的交流中，张雨欣感受到了刘咏宁对她的鼓励和支持，也更清晰地了解了自己在设计上的不足之处。

在刘咏宁的指导下，张雨欣重新调整了设计方案，选择了一些便于制作和展示的创意元素，最终展示效果图得以完美呈现。他们在合作中互相信任、尊重和理解，共同克服困难，为项目的成功展示做出了重要贡献。这种良好的合作精神和互信基础，不仅使项目取得成功，也为团队带来了更多的成就和创新发展。

2. 共同制定目标：明确期望和责任

在向上管理中，与领导和团队成员共同制定明确的目标非常重要。我们需要与他们讨论并明确期望和责任，确保每个人都清楚自己在整个团队中的角色和职责。通过共同制定目标，我们能够更好地协调工作和资源，实现更高效的团队合作。

张宇翔是一个销售团队的一员，负责推广一款新产品。他很擅长向上管理，当任务下达之后，他总是主动与领导和团队成员共同制定明确的销售目标和策略，比如在下一个季度销售增长20%，发展10位新客户等。目标确定之后，张宇翔会与团队成员一起讨论如何实现这个目标，以及可能的市场策略、促销活动等等。一旦确定了目标和策略，他就会带领大家一起明确每个人的责任，比如谁负责拓展新客户，谁负责维护现有客户关系，谁负责市场调研等等。通过共同制定目标和责任，使得每一位团队成员都很清楚自己的任务，能更好地协调工作，从而实现共同的销售目标，而张宇翔的管理、领导能力也得到了极大提升。

3. 提供支持和帮助：共同成就目标

作为向上管理者，我们应该主动提供支持和帮助，帮助他人克服困难，实现目标。我们可以与领导和团队成员密切合作，分享自己的知识和经验，提供必要的资源和支持来实现个人和组织的双赢。

在一个社区志愿活动中心，有一位名叫李明的志愿者，他热衷于帮助孤寡老人和残障儿童。近期，李明计划组织一场关于废物回收利用的公益活动，但他感到有些力不从心，难以完成所有的筹备工作。

一天，社区活动中心的主任张露看到了李明在疲惫地忙碌着，便走过去关切地询问：“明明，这几天准备活动可累坏了吧，我能不能帮上忙？”

“您来得真及时！”李明微笑着向张露描述了他面临的困难和挑战，包括策划活动的宣传、物资准备等方面的问题。张露立刻表示愿意提供帮助，并与李明一同商讨活动的策划方案，分工合作。

张露分享了她的组织经验，为活动指明了方向，协助李明联系了更多志愿者、提供了宣传材料和活动物资等支持。在他们的合作下，公益活动顺利举办，吸引了很多人的关注和参与，为社区环保意识的提高做出了积极贡献。

通过张露的支持和帮助，李明实现了自己的公益目标，同时也感受到了团队合作和社区关爱的力量。张露也通过这种帮助他人实现目标的合作模式，让志愿者更有动力投身到公益事业中，为社区带来更多正能量。

4. 促进共同学习：持续提升能力

在向上管理中，促进共同学习是非常重要的。我们应该与领导和团队成员共同探讨和分享知识，不断提升自己和他人的能力，比如参加培训课程和读书讨论会，或者组织团队内部的知识分享和学习活动等。通过持续学习和提升技能水平，我们能够更好地适应职场的变化，实现个人和组织的长远发展。

在一个充满活力的初创科技公司，李明是一名技术团队的负责人。他的团队正在开发一款创新的移动应用，旨在帮助人们更好地管理他们的日常生活。一天，团队遇到了一个技术难题，他们发现一个新的编程语言可以解决这个问题，但团队中的成员对此都不太熟悉。李明决定组织一个内部培训课程，邀请了一位行业专家来教授这个新编程语言。

在培训课程中，李明鼓励所有团队成员积极参与，不仅包括技术人员，还包括产品经理和设计师。他们一起学习，每天晚上还在群组中分享他们的学习心得和遇到的难题。

随着时间的推移，团队成员对新技术的掌握越来越熟练，他们开始将所学应用到项目中。李明注意到，团队成员之间更加开放和合作，他们互相帮助解决问题，分享最佳实践。最终，团队成功地将新编程语言集成到他们的应用中，极大地提升了应用的功能和用户体验。

由于李明的领导和对团队学习的重视，公司不仅成功推出了创新应用，还吸引了许多顶尖人才的加入。公司规模迅速扩大，而李明也因为他的领导能力和团队合作精神被提升为公司的技术总监。

互相成就是向上管理中的重要原则之一，通过与领导和团队成员的互动和合作，我们能够实现个人和组织的共同成长。在实践中，通过互相成就的方式，能够建立良好的工作关系，实现更高效的团队合作，共同迈向成功的职场未来。

5. 向上管理的真谛：个人与组织的双赢

在职场中，向上管理不仅仅是一种技巧或方法，更是一种态度和思维方式。我们进行向上管理，不仅为了获取领导的认可或提升自己的地位，更为了实现组织的共同目标，为整个团队的发展贡献力量。

通过不断学习和提升，我们能够更好地理解和把握向上管理的真谛，实现个人与组织的双赢。因此，让我们怀着积极的态度和开放的心态，不断探索和实践，共同向上，共创美好的职场未来！